今天也要重新出发

阿籽奶奶 绘著

CTS 湖南文艺出版社
HUNAN LITERATURE AND ART PUBLISHING HOUSE
博集天卷
CS-BOOKY

阿籽奶奶和孙女阿籽

我要让孙女想起我的时候，开怀大笑。

有一天，她也会像我一样老去，也会像我一样，

不管什么时候、多大年纪，都可以重新开始。

2019.3.15. 尹玉凤

黑松

　　1944 年 2 月 1 日，我出生于湖南洞口县山门镇尹姓的一个名门望族。先祖鼎初公是唐代尹思贞第二十二代孙，宋高宗绍兴庚午年 (1150 年) 中武状元，担任指挥使，后告老还乡，迁入山门地区。我父亲在家排行老幺，祖父去世时，家中孩儿年幼，孤儿寡母受人欺负，家道中落。我的童年是在内战动乱、东躲西藏中度过的。

　　1950 年，西北军区招聘文化技术干部，在县城教书的父亲报考并被录取，被分配到新疆军区速成中学任文化教员。1954 年春，因为我家被划分为地主成分，备受磨难的母亲和我，千里迢迢去新疆投奔天涯一方的父亲。自此以后，我再也没有回过儿时的家——家中大院里青翠的草丛和院外幽绿的香樟，却永远留在我的童年记忆里。到了新疆，我就像一棵山门镇田里的绿苗，在那荒凉的戈壁中扎根成长。我结婚时穿的那件绿呢大衣总是闪闪发光地出现在我的梦里，我现在画画也偏爱绿色，喜欢那绿色枝叶蔓延在我的生活和梦里，铺满整个大地，长到儿时的记忆中。

父亲在新疆军区当教员，我就在八一干部子弟学校上小学。当时部队免费为干部子女供学到十八岁，父亲不要那个待遇，他说他的工资也算挺高的，不想给国家添麻烦。干部子女学校待遇好，有暖气，有阿姨照顾，我也不想离开要好的伙伴，为这事生过父亲的气。很久以后我才明白，那一代人心里想的，先是国家，然后才是自己。

后来，父亲复员了，因为家庭成分高，"反右"时被打成右派，下放到劳改队，在新疆乌苏的老西湖公社改造。那是1960年，刚刚十六岁的我只能辍学工作，负担家用。我在乌苏运输公司当了一名电焊工，负责焊接水箱，认识了同一个单位帅气的司机张荣先。1963年，我和张荣先结婚。一般来说，结婚是该穿红衣服的，可我结婚那天穿的是墨绿的呢大衣。绿色，是我做姑娘时的最爱，也是我出嫁时的记忆，像葱葱的秧苗、幽幽的香樟树。一年后，塔城成立运输公司，我们夫妻一起去了塔城。

作者（左）在八一干部子弟学校与同学合影

　　20 世纪 80 年代初，我开始学绣花，跟着达斡尔族的邻居学。她说："你视力不好，还学绣花？"可慢慢地，我也就学会了。当地人喜欢我绣的花，结婚时的嫁妆都找我绣。绣花能养活我自己，还能补贴家用，但我从没想过自己有艺术天赋，也没听说过"艺术"这个词，过日子是唯一的念头。

　　塔城地处偏远，果树和羊比人多，家家都有大院子，院子里有满满的野果树和野花。绣花就是把那些花草和果子绣在窗帘边、桌布边、床罩边和小孩子的衣服上。阳光透过繁密的"花边"，洒落在低矮的土墙上，细细碎碎，日子也在细细碎碎中过着。我的一子三女，渐渐长大成人，成家立业。我和老伴也磕磕绊绊相守到老，直到 2016 年 8 月 28 日，老伴先我而去，留下了我。

　　相伴五十三年，本来都已经习惯了的生活，一下子没有了，我看着满园的果树和一地落叶，空空荡荡，不知所措。二女儿接我来了上海，一切都不习惯，我成了医院的常客，两次病危，心脏多了两个支架，算是又活过来了。我也知道孩子们的焦虑，可我老了。

　　一个人活着总该有一个理由吧，从前是家庭需要我，后来是老伴需要我，但我从来没有想过我需要什么，现在我知道了，我需要阿籽——我的孙女阿籽，她让我看到亮光和色彩。她对我的亲热我是知道的，她每天教我学这个学那个，我也是响应的，答应学习，也想和她在一起，为了看她那股认真的样子。今年她七岁，我也曾经这么小，这么认真，这么较劲。

二女儿是艺术家，有一天她和我唠嗑，说到家族的传承，她让我回忆小时候的湖南老家，回忆父母的呵护及他们的为人处世、所作所为，回忆大院子里的天井连廊、马头山墙——她让我回忆所有美好的记忆，然后再去看看现在的身边，有什么美好的东西。她说可以把美好传给阿籽，孙女这辈子如果有了美好，就会开心，这就是我们家的传承。我并没太明白她说的道理，但只要能给阿籽带来开心快乐，我就愿意。2018 年 7 月 28 日凌晨，天还没亮，我第一次拿起了画笔。

生活有了理由，为了阿籽，我每天一心画画，女儿身边的大艺术家都说我画得好，还花钱买。刚开始我觉得他们是关心我，慢慢地我相信了，相信自己能画得好，相信生活中仍有很多美好，相信单凭画画，也可以是活着的理由。

我有两个老师，一个是二女儿张平老师，一个是孙女阿籽老师。

2020 年 6 月上海徐汇艺术馆《凝视·日常》阿籽奶奶个展现场

张平老师从不教我怎么画，她只是让我仔细观察画的对象，要仔细看，把看到的所有细节都画下来就可以了，只要我每天能动笔就好了，就是这么简单，我也没想到这么简单。七岁的阿籽老师比较严厉，会指点我画的颜色不准啦，南瓜的影子不对啦，尤其是她不断地提醒我不要骄傲。有一天她问我："你现在画画有进步了，但你会游泳吗？"我说不会。"你会说英语吗？"我说不会。"你会背诗歌吗？"我说不会。她说："所以我还是你老师对吧？"我说对的。其实我是真心实意的，因为我非常愿意成为她们俩的学生。

虽说画画是个简单的事，先要看明白，然后再画下来，但对我那只拿过绣花针、却没拿过画笔的手来说，也是费劲的、不听使唤的。小心翼翼地描在纸上，大半天才能勾出几根线来，两天的时间，我颤颤巍巍地画了两朵小花。就像儿时的雨天，在后山的泥路上，我深一脚浅一脚地走着，浑身是泥，确实艰难。女儿老师总是鼓励，阿籽老师总是批评，这像我从前带娃娃学走路，看着走几步也欢喜，迟迟没学会又怪罪。

处的时间长了，那些画画的工具也就与我和睦相处了，相互关系也没有那么紧张了，有时也分不清，是我引它们走，还是它们带我画。

　　上海临港国际艺术园有好多艺术家，我在女儿老师的工作室里画画，身边来来往往的大多是美院的教授，还有大艺术家，他们都有见识，人很谦虚。像李山[1]老师，他从不具体指导我怎么画，怎么调颜色，总是夸我画得好，告诉我只要认真地观察，认真地画，把我看到的、感受到的表达出来就好了，他说每个自己都是独一无二的。有一天女儿问李山老师，我的艺术作品属于哪一类，当代艺术、现代艺术还是素人艺术[2]。李老师说，这是艺术本身。我也不明白艺术的本身是什么，对我来说，画画就是倾注对阿籽的情感和生活中无处不在的趣味。这里的艺术园是个有呵护和包容的地方，到了晚年，我居然还有这份福分，只能感谢生活的恩赐。

　　我画画的对象都是身边随处可见、最熟悉不过的事物，一棵铜钱草，两根胡萝卜，几粒葵花子……画室里有很多植物和盆景，每天要浇水，我总觉得它们长成这样也不容易，能被我发现也不容易，我想给它们留下个记录，给它们一个交代，就像我们当年去照相馆拍全家福，留个念想。

1　李山，当代艺术家，生物艺术创始人。1942年生于黑龙江兰西，1968年毕业于上海戏剧学院绘画系并留校任教至退休。作品多次参加重要的国际性艺术展并被广泛收藏。——本书脚注均为编者注

2　素人艺术，指未经过专业训练的艺术家，以一种自娱的姿态创作的艺术作品。

孩子们或邻居送给我的水果，我先画好再吃。艺术园的几个保洁阿姨是附近农村的，她们会时不时送给我一些自家种的菜，我也是先画完了，再做菜吃。她们看到自己家地里的莴苣、白菜变成画，非常开心，希望退休了以后跟我学画。我以前从没想过还可以教她们，如果真能这样，打心里也是高兴的。

很多朋友觉得我一年画了这么多，很不容易，很佩服我的毅力和坚持，其实不是这样的。吃饭、睡觉、刷牙、洗脸都是习惯成自然，是不需要毅力的，现在让我一天不画画反而是需要毅力的。我是在不知不觉中画了这么多。现在生活里多了画画这件事，一天被挤得满满的，除了自己画，还要去园区艺术家工作室看他们的作品，还要去看展览，听艺术家的发言，再也没时间教训孩子们了，何况她们现在都是我的老师了。

我有时会想，我是个做母亲的人，也是个做奶奶的人，在很多人眼里我就是个老人，我也曾以为自己已经很老了。我曾经让女儿给我买根拐杖，因为我觉得骨头已经撑不起身体。我的一辈子都已经习惯成为别人眼中的什么人，也只有在画画的时候才忘了这件事。画画的时候，没有别人，也没有自己，没有身份，也没有年纪，都没有，只有画什么，和怎么画。

水蜜桃

白兰瓜

　　我享受这个时候，我也很难说清楚是什么感觉，像似安心，也像安静。

　　画画改变了我很多，我以前在家带子女、孙辈，事事都放不下心，养成了事事操心的习惯，别人没有做好，就盯着，喜欢唠叨，儿女们也烦。画画以后，我对很多事开始放下了，其实是顾不上了，忘了。

　　像"儿孙自有儿孙福，不要操心太多"这样的话，我们老人唠嗑的时候都会说的，轮到自己都做不到的。做了大半辈子的长辈，已经习惯了，训斥成为爱心，絮叨成了日常。我不想做长辈了，我要做女儿老师和阿籽老师的学生，我要在日常的生活中有色彩。我要让孙女想起我的时候，开怀大笑。有一天，她也会像我一样老去，也会像我一样，不管什么时候、多大年纪，都可以重新开始。

　　我每天四点多起床，先供佛，佛祖教我们要善待他人，我希望佛菩萨能保佑孩子们和我健康幸福。醒来的每天是从祈愿开始，吃完早餐就开始画画，基本上每天画一幅，晚饭前，孩子们会陪我打一个小时的牌。

　　人的一生不是生离就是死别，还有这样那样的痛苦，很多东西一辈子也无法忘记，我也不想去忘记，就这样放着。过去的日子很累，现在的日子看不懂，我不像父亲，我并不是个豁达的人，我总是严格要求自己，容易着急。记得有一次画得很不满意，我就把画撕了，女儿看到了，告诉我："画画就像人的一生，总有好有坏，那些你经历的痛苦、失败、欢乐，都是你生命的一部分，珍视你的每一部分，才是完整的你。每一幅画也是一样，都是你的过往的痕迹，留下来才是完整的艺术人生。真诚坦然地面对自己，不要试图做一个完美的人，把画作为对自己日常的点点滴滴的记录，尽心感受就好了，朴素真实才是艺术的感染力。"

　　这番话使我很受震动，我那天晚上失眠了，第一次觉得傻呵呵的女儿长大了，而自己才是傻呵呵地活了大半辈子。

　　每个人都年轻过，每个人也会老去，没有关系，成功失败、欢乐痛苦都是你生命的一部分，珍视你的每一部分，才是完整的你。这是我的女儿老师教我的，我七十多岁了才懂得这个道理。只有宽容地对待自己，才会善待别人，我现在也常把这话送给身边的年轻人。我还会继续画，还有很多不满意的地方，还有很多展览要做，身边还有很多同龄的朋友要我去教他们，我还要等阿籽长大。

玉兰

CHAPTER 1

每个自己都是独一无二的

CHAPTER 2

人这辈子就应该想到什么就去做

CHAPTER 3

寻常之物皆有
生命的欢欣

CHAPTER 4

到别人世界的
小星球去看看

CHAPTER 5

远去的身影

今 天 也 要 重 新 出 发

CHAPTER 6

感谢你，
我生活过的日子

今 天 也 要 重 新 出 发

每个自己都是
独一无二的

找一件能让自己变得美好的事情，心中有一个寄托，
慢慢成长，你会发现世界也不同了。

凤中凤

我叫尹玉凤，出生在湖南洞口县的山沟里，在家里排行老大，家族是当地的尹氏望族。

按照传统，家中的女性是不能被列入本姓族谱的。我这一辈是"大"字辈，我后面的弟弟们就叫大功，大继。如果我也按族谱，那我的名字就应该叫尹大凤。

我是父母的第一个孩子。对第一次做父母的他们来说，有了爱的结晶，不知道他们的心里是不是非常惊喜，所以把我想象成山里的一只

绣球

龙舌兰

凤凰。父母心中的凤凰，是他们对一切美好的想象。

我这只凤随着父母到了戈壁，与苍凉为伴。刚刚成年便嫁作人妇，结婚后，就在家带孩子。"老张家的"成了我的名字，而父母很隆重地为我取的名字，就成了一个记忆，再也不会被人叫起。

后来办身份证的时候，办事员笔误把我的名字写成了"尹玉风"，所以我现在的身份证上的名字是"尹玉风"。一只山里的凤凰，变成戈壁的一阵风，从大凤变成了大风。

我是一个再普通不过的人，一个再普通不过的女人，我的名字从没有被正式叫过，也没有在正式场合出现过。珍视我的母亲早早过世，父亲劳改下放，无暇顾及我。结婚后我成了张家的媳妇，基本上被叫作"老张家的""张清¹他妈"。那个名字，那个我出生时父母苦思冥想起名字，就被封存在了记忆里。

在没人的时候，我会在戈壁的荒原上，叫一叫这个陌生的名字——尹玉风，这个连户口簿、身份证上都不存在的名字。我怕她长时间地没

1　作者儿子的名字。

有被人叫起，我对她会感到越来越陌生；我怕我自己，都叫不出来她了。

戈壁的风带着漫天的黄沙、燥热，在空中飞舞。尹玉凤这个名字，在戈壁的风中被吹散，我不知道她会被吹到哪里。我本来想让她在风中随意飘散出去，现在想来，她可能被吹到了东海这边。在滴水湖畔，这个名字被人听见，想起，叫起。

多年前，我在戈壁呼喊的名字，经过了六十多年，在世界的另一边和我走到了一起。我和我的名字，终于走到了一起。

这大概也是因缘吧。在办身份证的时候，办事员随意把"凤"改成了"风"，似乎意味着，我这一生，跟风有关。

戈壁的风和海边的风都很大，我好似一只随风起舞的凤，是风把我带到了这里，是风把我和我的名字合到了一起。现在我——阿籽奶奶——叫尹玉凤。

虎皮兰

每个时刻的你
都是独特的

我今年七十七岁，之前身体（心脏）不好，到了我这个年龄，身体的机能都开始慢慢地衰老。

年轻时，我的身体充满了活力，走路喜欢跑，因为身体里有太多的能量无处发泄。就像小孙女阿籽，她一定不会慢慢地好好走路，一定是跳来跳去，看到一个障碍物一定会跳上去跳下来。

在我的眼里，阿籽总是调皮捣蛋，一刻也不能安静。到处乱跑，乱跳，很少会静静地待着，身体比思维更快，没有做不到的，只有想不到的。

七十多岁的我，大部分时间只能安静地待着。思维、行动都变得很缓慢。什么事情也只能慢慢地做，慢慢地想。因为身体的制约，所有的事情都不得不慢下来。

有时候我觉得也挺好的。我可以对着一瓶花慢慢地观察：清晨的一缕阳光照在花瓣上，花瓶上的投影变大，变小，变长，光影在时间中慢慢流逝。在慢下来的时光里，你会看到曾经看不到的很多东西。

一切都变得很细微。光线潜入我的屋子中，影子以花瓶为中心转着圆圈。鼻腔或者皮肤，可以感受到空气中的湿润。花瓣弯着腰好似要谢幕一般。令我着迷的阳光，会给桌上的瓶瓶罐罐覆盖上一层光亮。一切都在缓慢地移动，一切又被无限地放大。

我画得也很慢。凝视着这些花瓣，慢慢地描摹下来，体验时间慢慢流过的痕迹。大家觉得我画的画和别人的都不太一样，那是因为我在慢慢的时光里，体会那慢慢枯萎的花朵。那是一个七十多岁的老人眼里看到的世界。

荷叶

发财树

和小孙女阿籽在一起画画时，她在旁边就像一条欢快的小鱼，笔起笔落，转眼间，一幅画就画好了。

前年我们去丽江写生，在一个朋友家的院子里画画。朋友家里养了两只猫，我们就对着猫咪写生。丽江的阳光特别明媚，慵懒地洒在院子里。猫也懒洋洋地趴在那里晒太阳。三个一般大的小朋友趴在那里画画。我在她们旁边支了个画架，我的准备工作完成后，刚落笔的时候，三个小朋友已经各自画完了一幅，跑出去玩了。我起完形的时候，猫也跑了。大概猫也嫌我太慢了吧，我只能凭记忆把猫画完。

时不时在院子里嬉闹的阿籽会跑过来，用俨然师长的口吻对我说："没有关系，奶奶，慢慢地画啊，别着急。"我说："唉——我也急不来呀。"她们在时光中欢快地跳跃，我在时光中慢慢地体会——我觉得也很好。

七岁小孙女眼里的世界是欢快的、流动的、跳跃的，七十多岁的我眼里的世界是缓慢的、沉寂的、平静的。

我们俩眼里的世界不同，感受也不同。我想她灵光的眼里看不到我看到的世界的模样，也体会不到我能体会的吧。人生的每个阶段，都有每个阶段的不同。我们不能改变时间，不能改变自然的规律，不能改变逐渐衰老的身体。

　　我们只能拥有我们现有的一切。只要慢慢体会这个世界，你就与众不同。

画画就是怎么画都行

早年，我稀里糊涂地去了新疆，稀里糊涂地结了婚，稀里糊涂地养了四个娃，每天稀里糊涂地过日子，也不知道图个啥。

那时候，我有劲没地方用，不是吵孩子，就是吵老头，没有一天顺心，也没有任何人教我如何去生活，我就是走着瞧。就像现在画画一样，没有人告诉我怎么画，我也不知道怎么画，不知道画成什么样才算好，就是这样画着看，一点点地画。我稀里糊涂地想怎么画就怎么画，能怎么画就怎么画。反正画是画不错的，画画不像算账，怕算错了。

我现在知道了，画画就是怎么画都行。就像过日子一样，过着看，怎么都是一辈子。早些时候生活困难，我也熬过来了，把几个娃养大了，有大学生也有博士生，现在都挺好。

我从没想过自己会画画，也没想到画画会这么简单，只要敢画就行，比过日子容易多了。过日子要面对孩子哭、大人叫，你想这样他想那样；每天都要吃喝，病了还要去医院；孩子上学，结婚……上有老下有小，操不完的心。画画容易，你自己说了算，想怎么画都行，没人管，自己愿意就好。我就稀里糊涂地画到了现在，两年多时间画了几百幅，还办了个展，受到很多人的关心。

人家问起来为什么想画画，我想了想也说不清楚。两个娃都会画画，我也没想过自己画，来到上海没事做，这里没有别的，只有纸和笔，周围都是会画画的，特别是小孙女阿籽也能画。人老了身体不好，出门干事不行了，只能在屋里找事干，我就画起来了，也没多想就成了现在这个样子。

过去一直以为画画是文化人干的，没想到我这种又老又病又粗的人，也能干，干得还不错。他们都说我心细，其实我一点都不心细，就是胆大，没有不敢干的事，到什么时候说什么话。老了跑不动了，可画画不用跑，坐在那里就行，所以我就画画了。好像就是这样，我稀里糊涂地走到这一步。

核桃

石榴

佛手

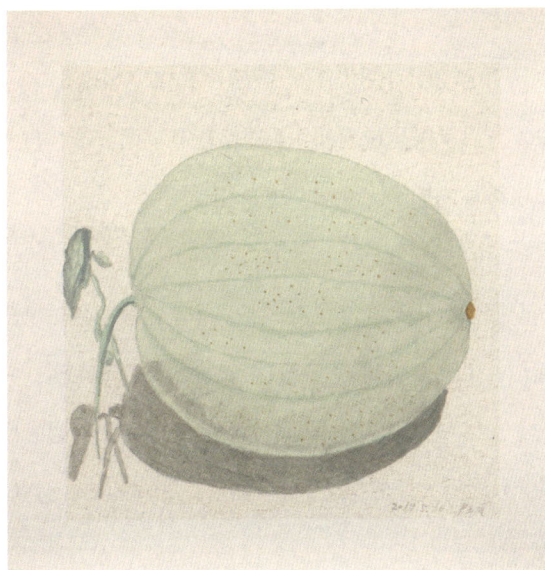

白兰瓜

你
的
样
子

画画时要用眼睛，但我的这双眼睛在我年轻当电焊工的时候用伤了，得了眼疾，后来医生说我的一只眼睛里有一团云雾，自此以后我看世界总是云里雾里的样子。

我的一只眼睛被一团云雾罩着，那云雾还扎根在瞳仁里飘散开来，正好盖住瞳仁，也没办法开刀，这只眼就基本看不清东西，只是一片雾蒙蒙的影子；而另一只眼睛视力也不大好。所以我画画的时候，不是看得很清楚的，只能看大体的样子，常常需要把要画的东西搬到眼前来看，才能看清楚一些。

上天给了我一双能看虚实的眼睛，雾里看花也挺美的，所以我画得跟别人不一样。哈哈，大家夸我画得好是有原因的，这是老天爷给我了一双艺术家的眼睛啊！

听说动物眼里的世界跟我们眼里的很不一样。在狗看来，这世界是黑白的；在蚊子看来，这世界是不同的热度区域，没有形象。我有时想这个世界到底是什么样子的呢？

小蚂蚁在地上爬的时候遇到我的脚从它的头顶掠过，估计它看不到我的脚，只是感知到光线暗了，如一大片乌云飘过，它的视力或许只有几厘米吧。那每个人看到的世界、看到的颜色、看到的细节，估计也不一样。

我的画是我眼里真实的样子，其实也是云里雾里的样子。

半个波罗蜜

半个榴梿

心里念着什么，
什么就跟随你

我们记住什么，心里天天念着什么，什么就跟随着你。

每天想着病，病就跟着你。我有一个朋友，每天都在想自己怎么方便看病：买房子买在医院的旁边；把儿子培养成医生；总是观察自己哪里不舒服，随时去医院检查这儿、检查那儿。你说整天想着病的事，能不得病吗？

我自从画画以后，每天只想着画，想着怎么画好，把生病这件事情忘掉了。说来也神奇，自从我每天想着画的事，病好像也没了。画越来越多，病越来越少。

　　我们产生的许多问题，是因为心里念着负面的东西；反过来，让心里一直念着正面的、清净的东西，你就成了善良单纯的人，你眼里的世界也美好了。

　　找一件能让自己变得美好的事情，心中有一个寄托，慢慢成长，你会发现世界也不同了。

半个无花果

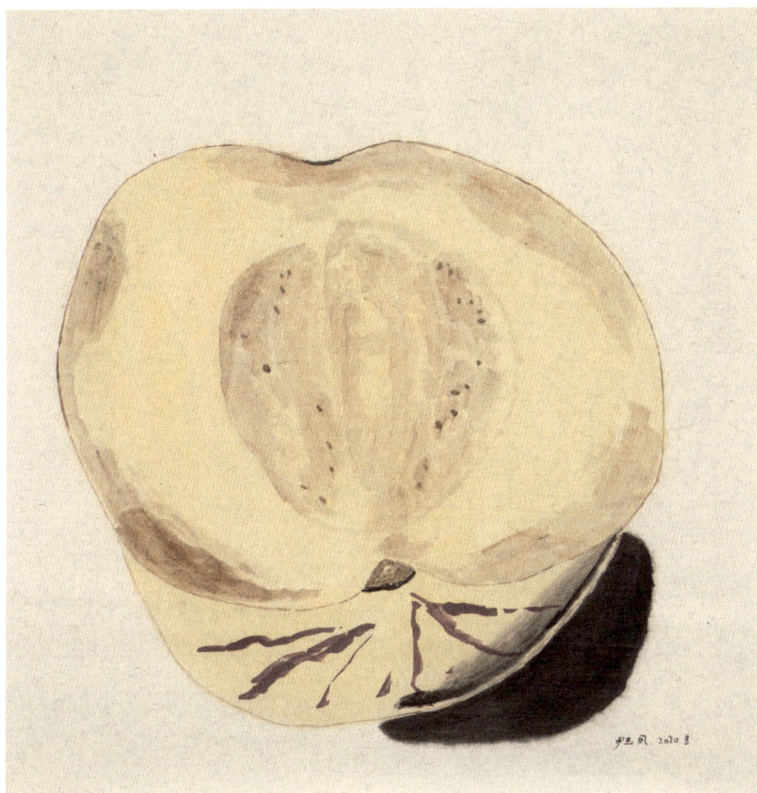

半个人参果

花的速度

　　女儿的画展开幕时，有许多人送来鲜花以表示祝贺，女儿都拿来放在了我的工作台上，那里好像鲜花展览一样，排列着不同包装纸包裹着的鲜花。一束束鲜花像一枚枚五颜六色的勋功章，代表着女儿的努力，我也从心底感到高兴，笑容也掩饰不住。

　　我又有了新的写生物品，小阿籽来跟我说："奶奶，你要跟着花的速度画。"我想怎么是跟着花的速度去画呢？

　　后来的几天，我才发现花的速度就是枯萎的速度，这段日子天气总是阴沉沉的，即便是给花浇了水，它们也以肉眼可见的速度在枯萎。

我有些紧张起来，生怕来不及将这五颜六色留在我的画里，好像这样就愧对于鲜花努力盛开的时刻一样。

我早上起床便开始作画，那花瓣一小簇一小簇的，我的视力不太好，有时候不得已也要停下来凑近看看。眼睛还没看到的时候，鼻子已经先闻到花朵的香味了，这令我紧张的心情稍微放松了一些。

后面我不再去浇水了，我放松下来，一幅接着一幅地画。与其让鲜花腐烂掉，还不如让它们顺其自然地变成干花，各种姿态都是好的。

我拿出几枝花插在没有水的花瓶里，遇到来访的人，我就告诉他们，喜欢的话，可以把花带回自己家里。我想，这些花不能只是在我的工作台上枯萎，带它们回家的人，也是带走了一份好心情。

我跟小阿籽说："奶奶很努力地跟上了花的速度啦。"

淡墨

蜡梅

余香

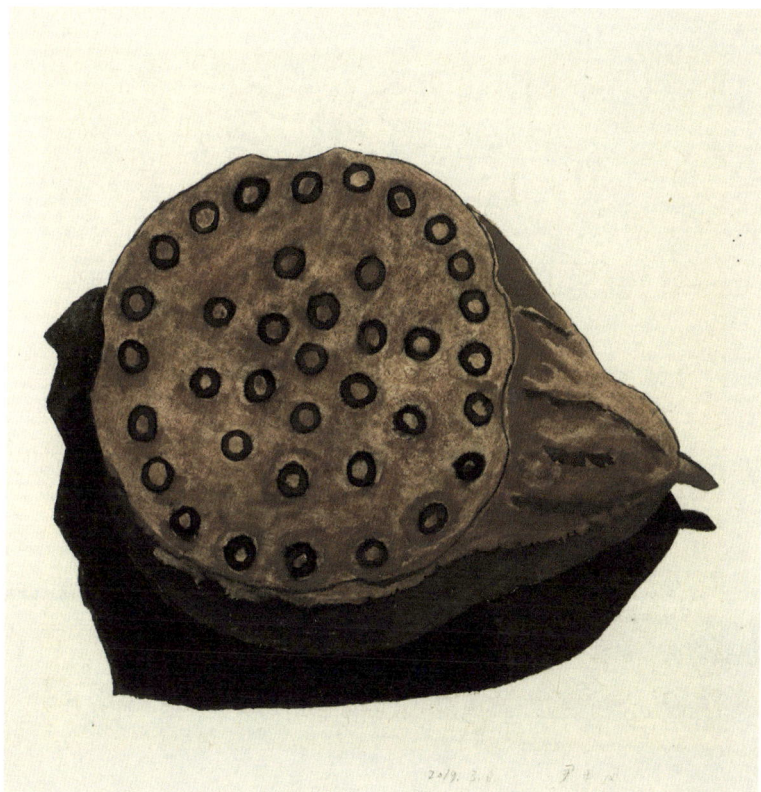

莲蓬

松动的滋味

　　我现在的牙口不好，稍微硬一些的肉或者蔬菜就咬不动。于是我可以吃的食物就有些局限了，这大概是成为老年人的一个标志。牙口不那么好的时候，可能是迈入了人生进化的新的阶段，不如以前那样有力气了。

　　在我感觉到牙齿开始松动的时候，我想起了小时候换牙的情景，二者竟有不约而同的相似感。我忍不住笑，这不就是回到了婴儿成长的时期吗，只觉得人生好像一个循环。

　　牙齿松动让我吃东西的速度慢了一些，好处是食物在嘴里的味道停留得更久一点了。有的时候想着吃什么东西却吃不动了，倒是让我觉得遗憾的事情。我会把家里的零食给女儿工作室那边拿过去，叮嘱他们好好吃，这样好像我也能品尝到美味似的。

有一次牙疼，我觉得应该不是大事，忍了一会儿却没有一点减轻的迹象，我毫无办法，便和孙子说了。他端来盐水让我喝了，我喝完觉得缓和一些，但还是隐隐约约地痛。人在面对身体的痛苦时自我感觉会被放大，要是专注于痛苦之处，更是会被痛苦所淹没。

我只有期盼着快好起来，赶紧去画画，好让自己的注意力转移一下。

平时我不吃晚饭，因为觉得吃过之后睡眠不太好。每天吃午饭的时候，是大家一天中唯一会聚到一起、坐在一个餐桌上的时候。因为牙齿的松动，我必须得细嚼慢咽，大家也都把脚步停下来一会儿，陪我一起好好吃个饭，这点我倒是很满足的。

午饭过后大家又各自去忙自己的工作，我也伏案于工作台上认真画画，有时候思绪会飘走，飘到很远的地方，也许是塔城，也许是童年的故乡。

橘枝

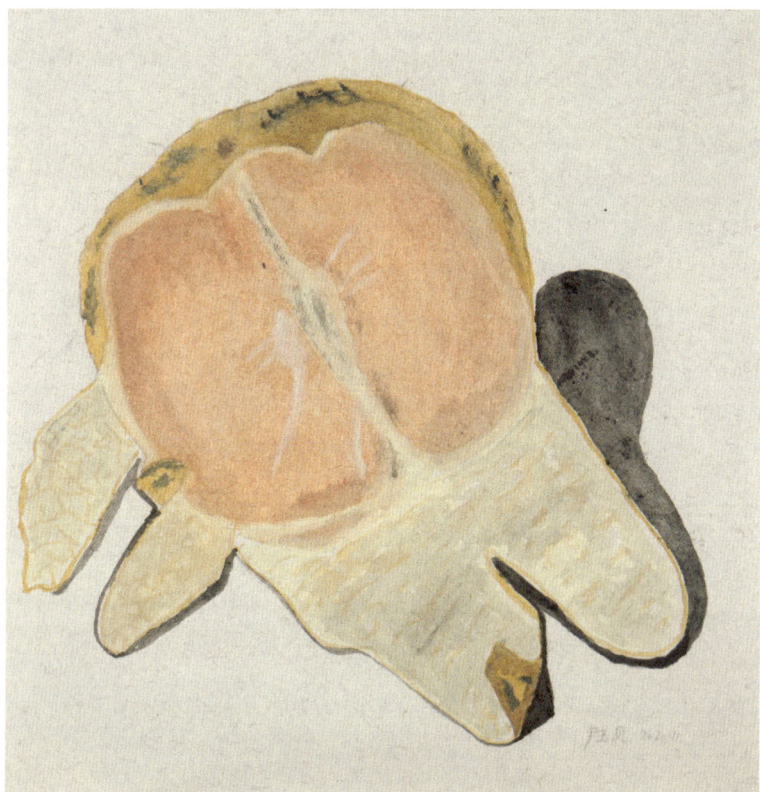

剥开的橙子

盆中的杨梅

　　说起来有些不好意思，我在叙述关于我的人生时，好像将我的人生如一个长卷轴般缓缓地铺平开来，让我有机会从最初开始回忆，一点点梳理我的人生。

　　人是很容易陷入回忆当中的，那些零散的记忆拼凑起来，好像电影画面又在我眼前上演了一遍。

　　只不过这次慢一些，适当地放慢一些——不管是我的脚步，还是我咀嚼的速度——这足够让我好好体会了。

下辈子再画
大画

今天是霜降，有点凉意，但对曾在新疆生活过的人来说，却感到窃喜。

湖边林子里的桂花飘香，我准备先去桃源闲房，采几朵小院里的菊花来作画——闲房的主人是女儿的朋友，我前几天和他说好的。菊花的黄颜色很艳，难画，把握不好会很俗气，而且，还要画出晚秋的意境。

原来我以为画画挺难的，现在我明白只要认真画，大胆画，就可以了。因为艺术没有唯一的标准，我就是我，独一无二。我没有受过专

有石头的风景

柏树盆栽

业训练，可是天才哪个是被训练出来的？或许正因为没有受过专业的训练，才少了一些条条框框。我以前虽然没有拿过画笔，可画过几幅后就觉得很熟悉，也可能我上辈子是个艺术家。

也对，谁知道自己上辈子是干什么的，想做就做，尽管做，做了再说。画画也是这样，不管好不好，画了再说，不好也很正常。就像我的身体，有时好，有时不好，也没关系。画叶子也一样，绿叶、枯叶都把它画出来，很真实；塑料花很鲜艳，没有枯叶，但仍然是假的。没有生命，不是艺术。

看大有老师画墙一样大的画，说实在的，我心里还是很羡慕的。要是我再年轻几年的话，我也要画巨幅的大画，我不觉得难，实在是因为体力跟不上。所以，下辈子再画大画，这辈子就算了，先把现在该做的做好最重要。

有石头的风景 2

松枝

今 天 也 要 重 新 出 发

CHAPTER 2

人这辈子就应该
想到什么就去做

当你选择做某件事情的时候，从当下开始做吧。不要怕慢，只要不停下来，蓦然回首的时候，你就会发现你做了很多。

不怕慢，只怕站

时间过得真快，转眼间，我已经是个七十多岁的老人了。时间是个奇怪的东西，到我这个年龄，突然间，好像每天的时间又慢下来了：反应变得很慢，行动变得迟缓，走路也很慢，一切都慢慢地来，慢慢地去。

对我这个年龄的大多数人来说，去学新鲜的事物，的确太难了。

画画对我来说，一开始也确实很难。毛笔不会抓，女儿告诉我，和抓筷子一样，怎么方便怎么来。我画出第一幅画，花了两天的时间，

第一幅画：两朵小花

2019.4.20 严玉凤

莴苣

那是线条颤颤巍巍的两朵小花。其实当时我还是挺惊讶的，自己还能画出两朵小花来，心里满是幸福。

以后的日子，我基本每天都画出一幅。每天像有了新的发现，比如琢磨怎么把剥开的香蕉表达出来，让我没空回忆以前的事。我的心里放进那些瓜果蔬菜：画不完就放坏了，画完就可以吃了。

虽然不是什么大事，只是通过细微的观察，把身边的每个物品，把所有的情感通过画笔描绘出来，却让我不再感到孤寂和落寞。有时我想，慢下来可能是个好事，让我可以凝视眼前的一切，可以细微地观察这个世界。

从我第一次拿起画笔到现在，两年的时间我画了六百幅画。有时候我想想也觉得不可思议，在一尺见方的一张纸上，我慢慢地描摹，画得很慢，但是每天都坚持画一幅，两年时间，竟然就出了六百幅作品。

当你选择做某件事情的时候，从当下开始做吧。不要怕慢，只要不停下来，蓦然回首的时候，你就会发现你做了很多。随着时间的日积月累，你会发现，你积累了很多。

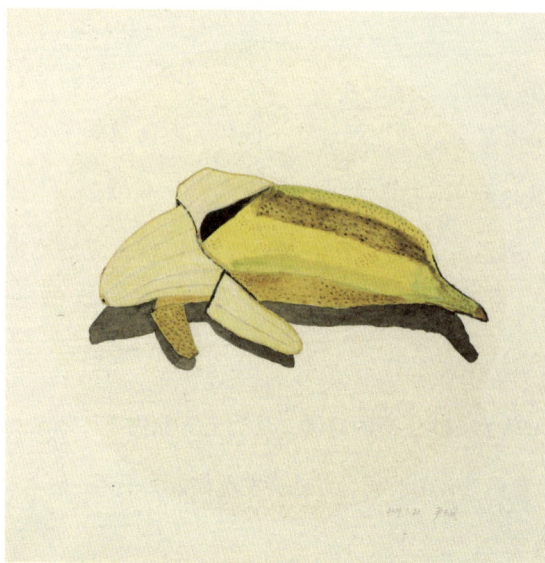

剥开的香蕉

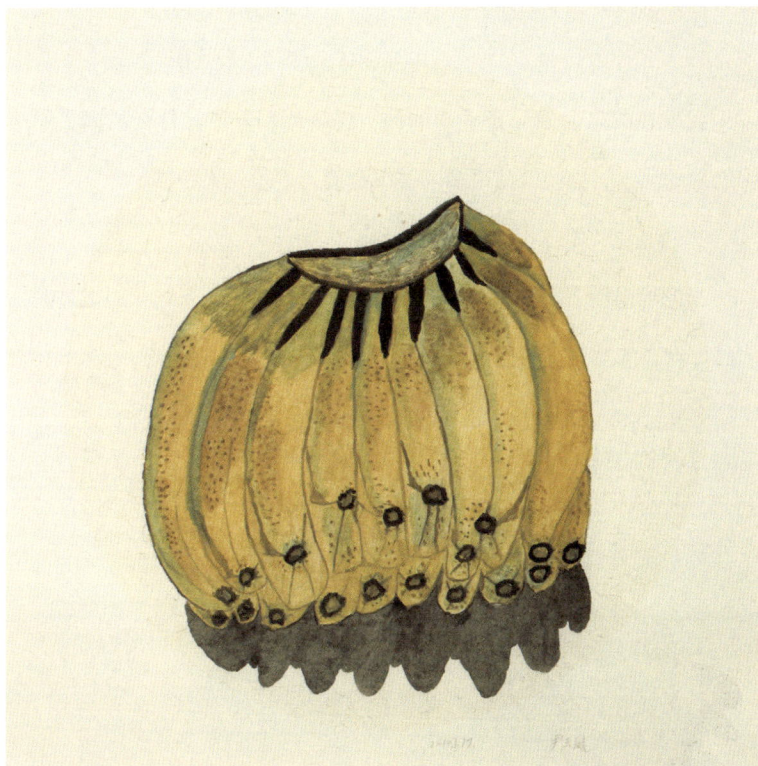

一把香蕉

生命就像一条河。孙女阿籽的生命就像一条奔流的河，充满了生命力，如从高山越下的瀑布，充满了希望和期待。

我现在的生命像一条平静的河，缓缓流淌，没有什么波澜。但缓缓流淌的河水，也会沉淀很多。缓缓流淌，不是死水一潭。

我们可以慢下来，但不能停下来。如果我们停下来，只回忆过去，而忘记现在的感受，我们就是死水一潭。

『觉得难』就像一道屏障

到了我这个年龄的人，对没做过的事、没听过的事、没见过的事，大都是保持拒绝的态度的。首先的反应是觉得太难了，然后拒绝看，拒绝做，拒绝听。所以年龄大了，我们就和这个世界慢慢地脱轨。但通过画画，我发现，很多事情并不是我们想象的那样。

新的事情并没有想象的那么难。你只要去做、去看、去学，像我的小孙女阿籽一样，对这个世界抱着好奇探索的心，一切就都不难了。

小孙女阿籽七岁，她总是很天真的样子，对世界充满了好奇心。

在她的世界里，没有任何难的事情，只有见过的和没见过的，感兴趣的和不感兴趣的。对她来说，没见过的、没做过的事，是她最感兴趣的事；会做和不会做，难和不难，对她来说没有这回事。

记得阿籽三岁的时候，过年包饺子，一家人都围在一起，分配擀面皮的、包馅儿的工作。她兴冲冲地赶过来，一会儿要擀饺子皮，一会儿要包饺子。她妈妈不让她动手，那可不行，她哭着闹着也要包。她哭着说："你们不吃我包的饺子，那我自己吃，总可以了吧？"总之她的目的是一定要去包，尝试着玩。大家都在包饺子，怎么能落下她呢？不会，没关系，我可以耐心地教她包；包了出来，奇形怪状，但她吃得很开心。现在她七岁，已经会包饺子了。

女儿对我说："没什么事就画画吧。"画画这件事，对我来说好难啊。我从没有抓过毛笔，从来没有画过一幅画，那怎么办呢？开始的时候我心里是拒绝的。这时候小孙女阿籽跑过来对我说："奶奶啊，这有什么难的？多简单的事情。想怎么画就怎么画呗。"她饶有兴致地拿了两张纸、两支毛笔，摆弄一些颜色，天真无邪地对我说："来来来，奶奶，我们一起画吧。"在她的感染下，我觉得画画也确实挺简单的。

几分钟，她就画了两朵小花。我颤颤巍巍，画了两天，也终于画

半个菠萝

一个菠萝

一个菠萝 2

出来了。小孙女阿籽在旁边鼓励我说："不错呀，奶奶画得挺好看的。这不画出来了吗，所以呀，我告诉你没什么难的，就是你想不想画，想画就好啦。慢慢画，就会和我一样好了。"看她一副师长的样子，我也受到了鼓励。

接下来的每天，我都很认真地趴在桌上，在小孙女的指导下画画。看她那么认真地教我，我也不能辜负她吧。她画一幅只需要几分钟，而我花一天的时间才能画一幅。慢慢地，在每天的日常生活中，我画出了六百幅作品。

回望走过的路，我发现很多事情并没有想象得那么难。只要你打算做，开始做，坚持做下去就好了。你会发现，每天的生活也会变得不同。蓦然回首时，你已经有了很多的成绩，有了很多的收获。

我们觉得难是因为我们对这个世界已知的概念太多了，那些概念蒙蔽了自己，阻止了我们去探索这个世界的尝试。人老了，经验有时候是好的，可有时候也会阻碍我们去看这个世界。我们碰到事情觉得难，是经验告诉我们没有做过，认为成功的可能性很小，所以感觉难；或许是因为害怕暴露自己的问题，既畏惧别人的眼光，也不敢面对自己的不足。

　　不要怕犯错，要不惧改错。其实每个人肯定都是有缺点的，正视它是每个人必经的过程，也是生命的成长。

　　所以，"觉得难"就像一道屏障，屏蔽了我们和这个世界的联系，屏蔽了我们和他人的联系，也屏蔽了我们和自己的联系。

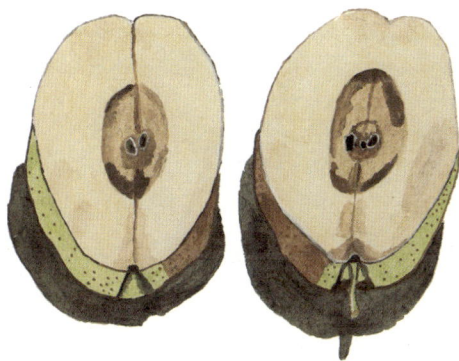

梨

梨树

非你莫属

我平常爱看电视节目，觉得有趣，也觉得电视放着声音，屋子里不会那么冷清。

我喜欢电视上的年轻人有竞争力，敢闯敢表现自己的样子。

我想，如果我年轻，我也会这样，我也敢上台展示自己。我不怕，我就想什么都尝试尝试。

看着那些孩子，有时就像看着我自己，我也替他们紧张，捏着一把汗。有时候我都忘了自己老了，还想什么都试试。

人这辈子就应该想到什么就去做，我就是这样的人，什么也不多想，什么也不怕。

看着电视节目里的孩子不仅有才艺，而且能说会道，我就很羡慕，因为我不擅长说道。但是不会说，不一定不会做；不会说，不一定不明白。

过去我做生意时虽然不会说，但是我会做，实实在在，能吃苦，不坑人不害人，时间长了人家就信我。我也不在乎赔了赚了，最后干得也很好。

现在的年轻人不容易，既要有学历，还要有文化；既要有才艺，还要脑子灵。不然他们就会落选，会被淘汰。

但是我觉得，条件再好，如果不好好干，也白搭。到头来还是要实干，才能把事情办好。我就喜欢有胆量、有冲劲、实实在在的年轻人。

有时候我会忘了自己是个老人，我什么都不怕，都想尝试，我最怕闲在那里没事干，生活没奔头。

瓠瓜和黄瓜

一牙儿白兰瓜

现在我每天做完自己的事就开始"上班", "上班"就是画画。每天画不同的东西, 捡来什么画什么, 看见什么画什么; 今天这样画, 明天那样画, 每个东西画好几遍, 结果都不同。

画完了别人都说画得好, 还有人为了欣赏, 购买了挂在家里, 我就很开心。我不给别人添麻烦, 自己养自己, 自己让自己开心, 也让别人开心, 能吃得下饭, 能睡个好觉, 好着呢!

身心清凉，重新上路，

我和小孙女阿籽一起读她的小故事书，其中有一篇故事让我思考了很久。

在很久之前，有一个村子里住着一个行为古怪的老人，每次他都把自己拉出的屎，层层叠叠地小心包好，揣在怀里。见到一个人，他就会小心翼翼地把它从怀里拿出来，慢慢打开，告诉别人："这是我拉的屎，你看臭吧。"把别人臭得捂着鼻子跑开了，他自己也露出厌恶的样子，小心翼翼地把屎再包好，继续揣在怀里。见到下一个人，他再打开告诉别人："我的屎很臭。"本该扔掉的东西，他揣在怀里，时不时拿出来臭别人臭自己！

阿籽听完故事，笑眯眯地对我说："奶奶，我觉得有的时候，你就像这个老人啊！老是揪着我那些错误唠唠叨叨，很烦的。"

我假意举手，佯装很生气地说："奶奶有这样吗？"

我是常常在自己不开心的事里纠结很久，常常会抱着这些不开心，见到他人就唠唠叨叨地说。真是没有太大的意义。

过去经历的不平、怨恨，都已经过去了，本该放下，就应该放下。

忘记那些生活中的不愉快、不开心、讨厌的人。人生的重点不是过去的事情，而是向前看，抛弃旧的，身心清凉，重新上路。

绿瓶插枝

芦荟

离自己最近的
人是自己

每个人都有属于自己的命运要面对，不管你是什么样的年龄。

老伴三年前去世后，我忽然觉得世界一下子落寞了。没有日常的磕磕绊绊、吵吵闹闹，试图改变对方，生活中突然没有了对抗，我的精神也垮了下来。老伴走后的一年内，我住了两次医院。

每天我都觉得无所事事，看不到未来的方向，回忆起过去的点点滴滴，心里便是酸甜苦辣，五味杂陈，很多的时候都是负疚。

　　我的性格倔强而好胜，常常为生活中的一些小事，耿耿于怀很长时间。现在老伴走了，当初的一些事情，我觉得都不值得生气。在一起开心就好，想改变别人，终究都是遗憾。

　　我的一辈子都是忙忙碌碌，为养育儿女、照顾家庭而活着。现在儿女长大了，老伴也走了，我在一个陌生的城市与女儿同住。现在年轻人所有的话题，对我来说都是陌生的；他们对于我唠叨以前的故事，也感到很厌烦。我们彼此隔离在两个世界里。

　　开始画画帮我打开了一扇窗户，我可以独自和这个世界交流的一扇窗户。这就是所谓爱好吧。

　　你有了可以和这个世界独自交流的途径，会从曾经看不到的东西、感受不到的东西中发现很多乐趣，也会从中找到自己。

　　发现自己与世界最为亲近的相处方式，你再也不用絮絮叨叨讲过去的故事，和别人也有了新的交流的话题，你才真正地和这个世界，和他人有了联系。

　　以前我都是在为照顾别人而活着，别人不如我意，我总是烦恼；

现在没有人需要我照顾了，我再也无须为别人而活。

生活中，我们不是为别人活着，终究都会为自己活着的。早早了解为自己活着，比什么都重要。了解自己，看清自己，发现自己，越早越好。因为你最终要面对自己，你会发现：不管与你多么亲近的人，多么重要的人，最终都会离开你；不管多么烦恼的事，多么过不去的坎，最终都会云淡风轻。

所以离你最近的人是你自己。了解自己，照顾好自己，发现自己，改正自己。不要去管别人说什么，不要管他人是非，不要试图改变他人，改变自己就好。

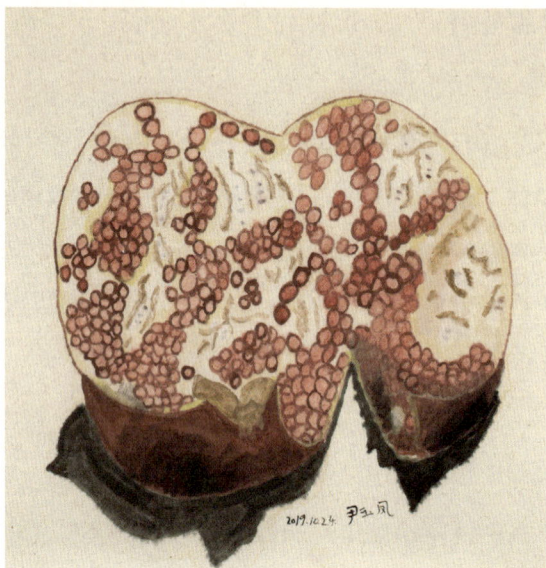

半个石榴

一个石榴

把
『应
该』
留给
自己

　　我常常为孙女阿籽的不良习惯恼火，常常抱怨她："你应该把玩完的玩具放好了，再出去玩；你应该做好作业了，再出去玩；你应该按时起床，把自己的事打理好，上课别迟到了。"

　　我发现我越絮叨，她反而越没有自律。而且最后她见到我就烦，我越盯她越烦，我是瞎操心。后来我想通了：自己管好自己的事情。

　　她独立一个空间，我独立一个空间。她的东西不能放我这儿，自己收拾自己的地方，她乱到什么程度我也不管。我做我的事情，她需要帮忙的时候可以寻求我的帮助。

早晨不起床，迟到是自己的事。早晨起床后，她得叫我起床帮她做早餐，不然我就在床上装睡，等她来叫我。

后来我发现小家伙其实还是很狡猾的。你不管她了，她反而就管自己了。她怕早晨起不来，就在床边定两个闹钟。因为她指望不上别人来叫她起床，也怕上课迟到挨训。

所以我们做人做事，要把"应该"两个字送给自己。

常常去想"这是我应该做的"，那内心就会踏实安定，少了很多抱怨。

如果把"应该"两个字送给别人，总去想"这是他该做的""这事应该这样才对"，就会增添许多烦恼。

橘枝和蓝盆吊兰

跟在时代的
脚步后走得
慢一些

　　我总是训斥小阿籽玩手机，怕对她眼睛不好。我也不明白这些孩子为啥如此着迷手机，智能手机对我是没有用的，因为我已经不"智能"了，我一直把自己留在了那个不"智能"的年代，那个属于我的，熟悉、习惯了的年代。

　　人一旦提起"在我们那个时代"，说明时代对他来说，已经发生了真实但又意想不到的变化。

　　包括现在出门，到处都是扫二维码，点完这里又要点那里。我总有一股不服输的劲，想着自己年轻时候的经历，不甘心最后在小小的手机屏幕前束手无策。于是我也开始慢慢学，现在年轻人学的东西多，他们迈着矫健的步伐走在时代的前面，有时走得快了，我就只能跟在时代的脚步后走得慢一些。

新疆的维吾尔族人喜欢歌舞，即使再艰难的日子，他们也能找到欢乐，我一个外来的汉族老太太，居然和他们朝夕相处了六十多年。

我也常常在午睡的时候，被对面铜版画工作室里的歌声吵醒，那时候我以为自己还在塔城。我对歌舞的依恋，这辈子无法断舍，歌舞声启动我的心跳，也增加我身体里面的温度。

也是这个原因，二女儿让小阿籽教我看抖音，我好像走进一个奇妙有趣的世界：这么多好玩的人，这么多有本事的人。我也决定不再把自己留在过去的时间里，也准备像塔城的维吾尔族邻居那样，伴随歌舞，寻找快乐；不再拒绝"智能"，而去尝试人生旅途中所有的馈赠。

琴叶榕

一株西红柿

绿瓶松枝

今 天 也 要 重 新 出 发

CHAPTER 3

寻常之物皆有
生命的欢欣

这世上除了瓜子、家具、建筑、穿着打扮等等，哪样不是如此，不做作，不矫情，自然而然，才是好的。

向日葵

葵花是特别容易长的一种植物。随便撒一把生瓜子，只要阳光充足，它的长势就特别好。

在院子的西北角，苹果树边的空地，是一片葵花地。葵花在开花的时候，会开出很多花头来，一般我只留下一颗主葵花头，把剩下的花头都摘掉，保证一株葵花秆上只有一颗花头，那么这颗葵花头就会长得又大又饱满。

葵花开花的时候，花瓣迎着太阳，从清晨到日暮，花随着太阳转动。

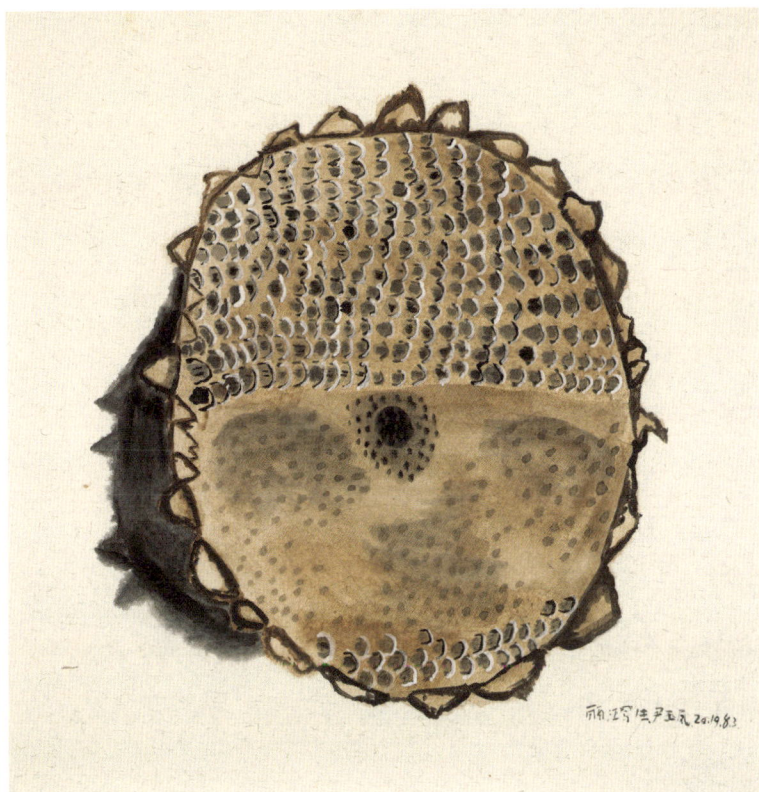

丽江写生 尹五元 20.10.83

葵花

当果实成熟的时候，葵花头会慢慢地耷拉下来，再也转不动了。它的脖颈会变得坚实无比，好像要使出所有的力气支撑整个饱满的大头。

葵花收割的季节，我把葵花头铺在前院的空地上，晾晒几天后，再把葵花子剥出来，用大的筛网筛出干瘪的瓜子，把剩下颗颗饱满的葵花子装在面粉袋里，挂在菜棚里，留待过年吃。

想到瓜子，就想起过年的时候走亲访友的情景：炒瓜子，嗑瓜子，围着火炉唠嗑，唠唠家长里短和一年里如意或不如意的事。

以前大部分吃的用的都是自己种出来的，要花时间去关注、养护、收割。那时候不需要背诵"粒粒皆辛苦"教育孩子，所有的吃的、穿的、用的都是自己辛辛苦苦一点点做出来的，你自会珍惜一点一滴的东西，明白一切都来之不易。

南瓜

那天我看着一个南瓜走了神，那是女儿拿到我桌上的。吃过午饭之后，我坐在桌子前，我的桌上有铺开来的颜料盘和花瓶，也有努力面向窗外的铜钱草和其他绿植，突然我看到了这个放在桌上的小南瓜。

那是一个巴掌大的南瓜，饱满得香气像要溢出来，弯弯小小的蒂仁立在中间，像孩童歪着小小的脑袋，不知道为什么我会被它吸引了注意力。

也许在这样的一个时刻，时间的河流会突然缓慢下来，我周围的时间仿佛凝固了，我也仿佛凝固在那一刻，没有比静静地看着这个南瓜

2019.12.20 尹玉凤

一个南瓜

半个南瓜

更让我专注的事情了。

我有一次做南瓜面包，将漂亮的南瓜洗净，削去皮，切成块之后蒸熟，放在装有面粉的盆里揉。我的力气不大，揉面这事好似自己和自己较劲，仿佛赌气一样吃力地揉着。太急也没用，太快也揉不好，渐渐地，我静下心来，只听得到自己的喘气声，手上的力度也适应起来。等面团光滑圆整地在盆中静待发酵的时候，我仿佛也在跟着面团一起呼吸了。

送入烤箱的时候，随着热度升温，面团膨胀于整个烤盘，让我有种奇妙的满足感，只想在烤箱旁守着。去画画时，从烤箱里飘出的香气充满整个屋子，我的心情也好似加了糖一样欢乐起来。

我将烤好的南瓜面包当作早饭，吃的时候嘴里满是散开来的南瓜的香气。

我有时想：我真想和谁说说，该如何感谢这些食物的生长。

半个南瓜 2

盘中的面包

法棍面包

原味瓜子

在塔城，夏日晚饭之后，一大家子会在院子的果林里凑在一起喧荒（聊天），嗑瓜子。

新疆人爱嗑瓜子，活儿好，速度快。晚上九点，太阳还不肯从胡杨林的枝头下来，白天很长。等到天黑，夯土地上的瓜子壳已经是厚厚的一层，拿大扫把一兜，留着第二天烧火做饭。

以前我没有注意过瓜子的口味，以为天下的瓜子都是原味的，到了大城市才发现瓜子还有奶油味、椒盐味等，但我无法忘记的还是塔城

瓜子

的原味瓜子简单自然的滋味，原味才是最持久、最有魅力的。

也对，这世上除了瓜子，家具、建筑、穿着打扮等等，哪样不是如此，不做作，不矫情，自然而然，才是好的。为人处世更是这般，放下头衔、身价、才情，朴朴素素地活着，就像我钟爱的原味瓜子。

女儿第一天教我学画的时候就说："妈妈，画画就是要画得像原味瓜子，要简单，不要造作显摆。"

红
姑
娘
子

以前在塔城住的院子里，有很多苹果树。有的树有一人环抱那么粗，大树上的果子挂得太高了，一直到下雪，也没法摘下来。

这些果树在我们搬进来之前就有，不知道是野生的，还是谁种下的。院子里草木共生，是很原始的状态。院子太大了，我也不去除杂草，就任它们随意生长。

每到七八月份的时候，苹果树下或者土墙根的某些地方，就会有很多红姑娘子，那是一种草本植物。

草莓

红枣

红姑娘子在春天会开一种很小的黄花，花太小，在偌大的院子里基本上看不到它。它又卧在一堆杂草间，很难被人注意到。

红姑娘子在未成熟的时候，它绿色的外衣和绿色的叶子，基本是分不清的；因为它太稀松平常了，跟其他的草也分不大清楚。

直到夏末的时候，忽然间你会发现，在绿葱葱的草丛间有一抹红色的灯笼般的果实，这时候就知道红姑娘子熟了。最早发现红姑娘子的肯定是家里的小姑娘，姑娘们都爱吃红姑娘子，那是一种酸酸甜甜的果实。

并不是这种果实有多么好吃，更主要的是好玩：剥开它红色的外衣后，里面是红色珍珠般的果实，用手慢慢地把果实揉捏至皮肉分离，以足够的耐心沿着梗部一点点剥下果皮，然后吸出里面的汁水，最后得到一个完整的果皮，就可以当作一颗泡泡糖来吹了。这是那时候小姑娘最爱的东西。

那时候家里的孩子多，有三个姑娘，每次到红姑娘子成熟的时候，三个姑娘为争夺红姑娘子打打闹闹。她们就像这院子里的草木一样自由地生长。

　　转眼间三个姑娘都已长大成人，去了远方，过着自己的生活。院子里的红姑娘子，年复一年地绿了，红了，再也无人采摘——再没有争着、抢着的姑娘们了，直到冬日的雪把它掩埋。

苹果树

　　我在调色板中调红色苹果的颜色老也调不准。那红色中透着泛黄泛绿的颜色，让我回想起塔城家中苹果树的苹果成熟时那诱人的颜色，包裹着一春夏的阳光和绿色。这辈子，我吃得最多的、最熟悉的水果大概就是苹果了。

　　我住在西北偏远的边境小镇里，那里地广人稀，家家都有一个大院子，里面都是自然生长的苹果树。我家院子中最大的一棵苹果树，有一人环抱这么粗，树高有七八米，遮天蔽日。到苹果成熟的季节，一阵暴风雨过后，满院的地上都是苹果。

在我们那里没有人去卖苹果，因为家家都有苹果树。人们也不会去采摘苹果，而是等风把苹果吹下来。当院子里起风了，一场大雨常常会随之而来。狂风带着滚滚乌云，雨"噼噼啪啪"猛烈地倾泻而下。一般只下十几分钟，风就把云吹走了，雨会再下到天的那一边。乌云和雨，随着风而来，随着风而去，来的时候猛烈，走的时候也很干脆，转眼间艳阳高照。所以等风把苹果吹下来，我们就拿着竹筐、水桶，满院子捡苹果。捡回来的苹果被做成果干、果酱，作为漫长的冬天的储备。

院中有一棵最靠近屋子的、树干发白的苹果树，长得亭亭玉立，结出的苹果粉粉白白，味道清爽甜蜜。这棵树成熟得也最早，我就称它为夏果子。每年它都会结得果实累累，不像其他的果树今年结得好点，明年就不大结果子了，像努力一年后，要休息一年似的。

另外一棵果树我叫它冬果子。它是院中最大的果树，树干舒展开来，枝叶密不透风，树下形成很大一片树荫，每到盛夏在这棵树下乘凉很是舒服。它的果实大而酸涩，即使夏秋的狂风暴雨也很难将其从树枝上撼动下来。

一直到十月底，下霜的季节，树上的果实才有一点红色，但依然很酸涩，岿然不动地挂在树上。我们只能爬上树，把冬苹果摘下来。冬苹果被放置在屋内，可以保存很长时间。等到寒冬腊月，当一切都没有

苹果树

了生命的迹象，冬苹果才开始慢慢地变得成熟起来，过年的时候是冬苹果口味最好的时候。这是唯一一种能储存的苹果。

还有一棵海棠果，小孩子们很喜欢吃。它的个头小，结出的果实是一串一串的，很可爱，味道是酸酸甜甜的。还有两棵野苹果，这种苹果成熟以后，会变成粉绿色或粉白色的，果把的周围是粗粗糙糙的咖啡色果皮，吃起来绵甜爽口。

院中的其他苹果树结的苹果，就没有那么好吃或很特别的了：有的没什么味道；有的口感平常，没什么特点。这些树结的苹果大部分都被晒成了果干，或被做成了果酱。

院中不同个性的苹果树，就像我们人生中遇到的形形色色的人。性格鲜明的，会让你记住很多细节；稀松平常的，你会渐渐忘掉。在你的生命中，那些特别的人、特别的事，与你生命的轨迹交错相织，变成你记忆中的点点滴滴。

每棵苹果树都有不同，对于它们不同味道的果实，我只有喜欢吃还是不喜欢吃，而它们长在自然界里可能有自己的目的，不是为了让人吃的。它们可能是为另外一种生命而活着，只是我们不知道。

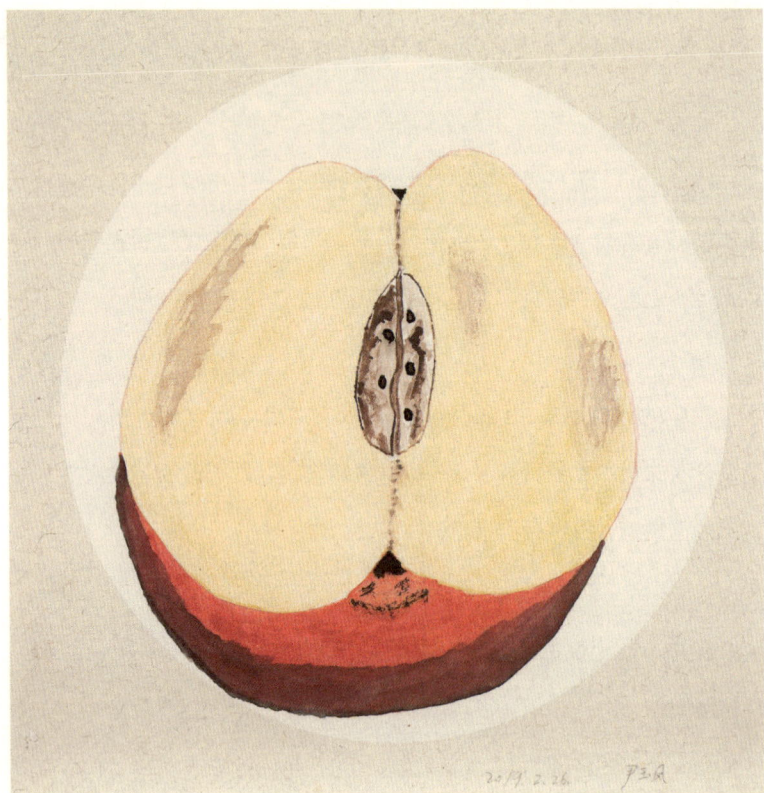

半个苹果

一个苹果

盘中的苹果

马
蹄
灯

　　马蹄灯里面的火苗一跳一跳的，那有着少许温暖的火苗，像我微弱的心脏。

　　我的一生中一大半的时间都是和火苗一起度过的，电灯是很后来的事。七十年代才通电，也是断断续续的，经常停电，而且有电也舍不得用。我这辈子已经习惯了煤油灯，也熟悉那丝浓浓的煤油味道。

　　马蹄灯可以提着走，人们在晚上引水浇院子时，借助马蹄灯一路看水源，看水渠的坝口是否被冲掉了，不然水就引不到院子里了。

马蹄灯

塔城人一般都是晚上浇水。在夜深人静的时候，河水被安静地引来，不受干扰。果树、蔬菜也需要在夜深人静时，静静地滋养。

有月光的夜晚，在如银的月光中，一切都像梦境一样不真实。满天的星星缀在墨蓝色的苍穹中，在夜的静谧中闪闪发光。在没有月光的夜晚，黑得伸手不见五指，那一盏马蹄灯在黑夜里显得特别温暖，如果远处有灯在晃荡，那一定有一个和我一样为生计而忙活的人。

一盏马蹄灯在那个年代照亮的是一家人的生活，也照亮了我的孩子们的前程，这也是我忙活的理由。

塔城不大，城里的人也少，邻里基本上都认识。在地图上，它是我国西北角的最边境的城市。这里没有对外的口岸，也不是什么旅游的胜地，所以来这里的外地人几乎没有。从我家走路十几分钟，就到了边境。以前人们牵着孩子和羊遛弯，经常跨越边界。草地连着哈萨克斯坦，也没边防，只有零散的界碑，谁也不在意。同一块土地上的两国人好多都是一家人，有嫁到那边的，有娶到这边的。夜里点点灯火晃动穿梭，人们提着马蹄灯骑马、走路，都是在各自回家。

后来修了边界线，那是很长的铁丝网。从此以后，两边就被划得很清楚了。但在需要迁徙的野生动物眼里是没有国界的，一道道被筑起的铁丝网割断了它们迁徙的路，它们想过冬迁徙的时候，却无法越过那道铁丝网，铁丝网上常常挂着野生动物的尸体。听说这也是野生动物越来越少的原因。

　　上海的夜晚灯火通明，就连草丛都照得清清楚楚，所有的东西在晚上和在白天一样分明，就是看不到天上的星星和土夯墙上的树影。我的生活再也不需要马蹄灯来照亮了，所以我把马蹄灯描在我的画里，挂在墙上。

　　因为记忆中的光线总比眼前暗，我总觉得人只有在微光的情况下，才能看清这个世界到底是怎么回事。举目艳阳，一片茫然；日光之下，尽是不断地重蹈覆辙。也只有在月光之下，才能重拾旧梦。

台灯

今 天 也 要 重 新 出 发

CHAPTER 4

到别人世界的小星球去看看

我更愿意和别人的世界搭起彩虹一样的桥梁，如果受到邀请或者允许，我也愿意到别人世界的小星球去看看，看看这些像我的孩子一样的年轻人的世界当中有多少美好。

做老太太，
还是做艺术家

　　我和大多数那个年代出生的女人一样，一辈子的身份就是从女儿变成母亲，再从母亲变成奶奶。我也和大多数的母亲和奶奶一样倚老卖老，觉得理所当然，非常合理，认为这也是我抚养孩子长大，为这个家付出所应有的回报。

　　自从开始画画，我不得不降下老太太的身份，以学生的身份，向艺术园里的晚辈艺术家们和二女儿讨教画画的技巧，学习在画展开幕时怎么发言。

黄色的文竹

瓶花

钻叶紫菀

这个时候，他们都是老师，我是个学生，我得放下姿态和老人的身份，我不能发脾气，不然他们就会躲我，不教我。就这样，时间久了，我的脾气也好了，人也变得优雅了。艺术是个神奇的养生保健品，自从有了一个叫"艺术家"的身份之后，大家都叫我"老师"了，我喜欢这个称呼，这是我从来没有想过的。

这样一来我好像也是年轻人当中的一分子了，太在乎年纪反而像一道阻拦隔在那里。我总感觉回到了年轻的时候，身体更有力气了一些。与他们沟通学习的时候，我也常常觉得豁然开朗，不论是对于画还是我的生活。

如果只是待在自己的世界当中，好像舒适又安全。但是慢慢地，我的世界就会只有我的人那么小，我的心脏那么小，到最后小到我被挤在了自己的世界当中，小到狭隘。

我更愿意和别人的世界搭起彩虹一样的桥梁，如果受到邀请或者允许，我也愿意到别人世界的小星球去看看，看看这些像我的孩子一样的年轻人的世界当中有多少美好。

尹玉风 20.20.3.

竹芋

与朋友们
一同学习

在举办了个人画展之后，我有幸被邀请到附近的社区举办了一个绘画分享活动。那天我要坐两个小时的车，我手中握着保温杯，在女儿的叮嘱下出行了。

第一次做这样的分享活动，得知是社区的老年人来学习绘画，我有种要见到老朋友的愉悦。

上海的街道有种湿润的气息，市区的人们匆匆忙忙地走在自己的生活轨道上，我到的时候刚好是中午了。下车之后，我在附近的面馆吃了碗面，身子暖暖乎乎的。

参加活动的人们陆陆续续地来了。活动开始的时候，大家坐着围成了一个圈。我做了自我介绍并讲述了我画画的缘由，当时我说："我也没有想到我七十多岁了能够举办个人画展，大家如果有喜欢做的事情，从现在开始做就不晚。"

在绘画活动开始的时候，活动主办方先给大家每人一张宣纸，让他们练习一遍。盘子中放着一块切好的西瓜，每个人从不同的角度可以画出不同的样子。

我也一起参与到绘画过程当中，拿起笔仔细地画起线稿。我还时不时地看看身边朋友们绘画的情况，当他们有疑问或者拿着笔犹豫的时候，我便走过去从他们所看到的角度给出指导，比如这里需要勾勒一笔，那边再去晕染一层……我所教的并不是让他们画出单一的西瓜，而是画出各人眼中独特的西瓜：有的人看到的西瓜好似月牙，弯弯的一瓣；有的人看到的西瓜就是扁平的一块。

很多朋友画得很好，一笔一画很仔细和认真，最后小心又慎重地在画上写上自己的名字，一幅幅佳作就这样在午后的社区诞生。我不再过多地指导，只是在旁边的椅子上坐下来。当有朋友让我看画，我就过去认真地看看有没有需要修改的地方，也赞赏画得特别好的部分。

在我看来，绘画的灵活性在于每个人眼中的角度不同，展现在纸上的都是独特的作品。能与这么多朋友交流学习，实在是要记录下来的快乐事情。

西瓜

对
面
的
热
闹

对门的曾老师是毕业于中央美术学院版画系的一名版画艺术家，我有时感到奇怪，他拥有一副站在舞台上歌唱的好嗓子，却选择静下心来创作版画。

曾老师搬来后，时常在屋子里歌唱，歌声也传到我的工作室中来。我热爱音乐，也时常在下午打开电视调到演唱歌曲的频道，不需要盯着电视看，耳朵听就可以了。有时当评委评价一位歌手唱得是好是坏，我也会连连点头，好似在现场一般。

　　有的时候听到对面的音乐响起，我也会有参与感，听下来觉得果然是曾老师唱得最好。我虽羞于去和年轻人一起歌唱，但是热闹于他们的热闹，快乐于他们的快乐。

　　悲欢也许不相通，但是快乐会蔓延至我空荡荡的屋子里来，和我的画作一起组成我生活的一部分，也组成了一部分的我。

铜壶

黑色铁壶

茶壶

双耳罐

学习
打
牌

四楼出电梯后，在走廊尽头，是一个大艺术家——李山老师的工作室。李老师年龄比我大，名气也很大，画的价格也很贵，听说在苏富比、佳士得拍卖都要上百万上千万，是我这辈子想都不敢想的。这么个大艺术家，总是背个双肩包，乘地铁，风尘仆仆地来工作室创作。

在我眼里，李老师一天里就两件事：白天画画，晚上打牌。我原以为大艺术家就应该学习，学习，再学习，可事实上他和所有的普通人一样，有自己的世俗爱好，可以像孩子一样为了输赢而争吵。我要向他学习，除了学画画，还要学打牌。

　　年纪大了，好像什么都无所谓了，房间里的花花草草都显得无精打采，鱼缸里的锦鲤摇摆得垂头丧气。学会打牌，让我回到了争强好胜的小时候，每天下午花一小时，和年轻的艺术家们较劲，感觉真的蛮好的。

　　女儿有个禅师朋友说："放下一切不是放弃一切。"我不能放弃，我要捡起我的追求，继续画画。这两年我已经完成了六百幅作品，女儿给了我两千幅的作业，我要抓紧时间。

蓝莓

葡萄干

剩菜新做

　　经历过五六十年代的人对食物都很珍惜，即使在七八十年代，吃剩菜，也是常有的事。

　　现在的生活条件好了，孩子们做菜每次都做很多，我只能负责吃剩菜了。我没觉得吃剩菜有什么不对劲，但是在园区的艺术家们眼里，那是绝对不可以的。

　　黄大有老师是在艺术园入住最早的艺术家，曾在西班牙游学十九年，厨艺让人惊叹，中餐西餐都会，他的厨房号称"大有厨房"。

他做菜的特点是：有什么就做什么，变幻莫测。

我来的这些年，好像没看见过他重复做一道同样的菜。他把剩菜叫"加工过的菜"，像卤过的肉、炸过的鱼等，他有本事把剩菜做成一道道新菜。他会把艺术渗透到生活的点点滴滴里面，每天过得有滋有味。

他说："食物不仅仅是维持生理机能，更多的是让自己感受到生命的温暖和乐趣。"如果说剩菜和老去的身体一样，本身已经失去曾经的光芒，但我们可以赋予其某种新的东西。

艺术并不是简单地给予我画画的表达能力，更多的是让我明白，艺术是一种生活态度，让我能在一个不完美的世界里，度过令自己满意的人生。

两根胡萝卜

半个冬瓜

新鲜的卷心菜

长南瓜

切开的瓠瓜

小
阿
籽

　　和某些人的因缘，你是说不清楚的。她犹如一缕阳光，撞开了你的心扉，怎么看怎么欢喜，她的嬉笑怒骂，你都觉得好。你看她的世界、她的所作所为，就如看净土。

　　我看我家的阿籽也是这样。大家都说隔代亲，可能就是这样子。她小的时候奶声奶气的，会搞一些小破坏，我都觉得没关系。她爷爷更是宠她宠得不行，谁也不许动、不许说她一下下。

　　记得她两三岁的时候，跟她爷爷抢电视。她爷爷是一个"专制"的人，

鱼

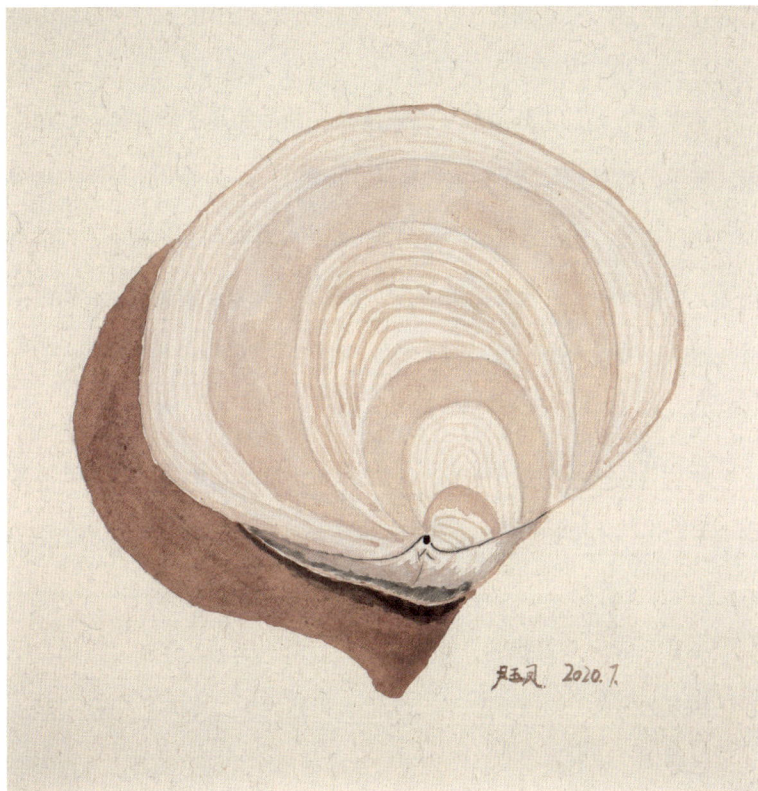

贝壳

他看新闻联播的时间，那是万万不能让给别人的。阿籽可不管，一定要看她的动画片，两人抢来抢去，爷爷被她扒拉到地上。

这时候，她的二姨看到了，装出怒气冲冲的样子教育她："如果再这样子，把爷爷弄倒了，就把你从二楼扔下去。"她一听就哭哭啼啼的。这时她的二姨夫进来了，看到她那个可怜样，问她怎么了，谁欺负她了。"咿咿……二姨要把我从二楼扔下去。"她二姨夫说："别怕！我把她从三楼扔下去。"

她一听，不哭了，然后很认真地说："你还是不要把二姨从三楼扔下去，你就让她给我道个歉吧。"

她让二姨夫领着她到二姨跟前说："嗯，二姨，你看，我都舍不得让姨夫把你从三楼扔下去，你怎么能舍得把我从二楼扔下去呢？你看，我这么爱你，你不爱我吗？"说完哭哭啼啼地趴在她二姨身上。她爷爷也在旁边抹眼泪说："你看，你怎么这么狠心呢，你看人家多善良。"说得她二姨很没面子，连忙道歉。

她爷爷大概早忘了她刚才调皮捣蛋的事，记得的都是她的慈悲，她爱别人的事。

小
菩
萨

望着五台山那几十段的山路，我走不动了。

"奶奶，你把你的袋子给我。"四岁的阿籽拎过我手中的东西说，"奶奶，你一心念'阿弥陀佛'，就不觉得累了。"

看着她小小细细的样子，我有一种说不出的感动。

"奶奶，你知道菩萨和佛的区别吗？"

一帆风顺

蓝色瓶子

我说："不知道。"

她说："菩萨如果比别人多做一些好事，多努力一些，就可以成佛了。"

我说："那你是什么？"

她说："我是菩萨，所以我要多努力。遇到黑的地方，心里害怕，我就念观音菩萨。所以你累的时候就一心念菩萨，就不累了。"

看着她一脸认真的样子，我真的相信她就是菩萨了。

小孙女阿籽信佛，总会提醒我念佛。我是在"破四旧"时长大的，对这些都不信，但面对死亡和故去的人，我希望能有轮回，也希望冥冥中有神灵保佑一切。

案前摆放着菩萨，旁边是父母和老伴的照片，是已逝去的最亲近的人。上一炷香，点三盏酥油灯，磕几个大头，是我每天早晨起床后先要做的事，这是老伴去世后我养成的习惯。希望菩萨能保佑现在的家人平安、快乐，希望逝去的亲人也能一路走好。

我的闺密

当时我刚办完个人画展，拿到了艺术馆为我的作品做的画册和衍生品——一个布袋，我的心里欢呼雀跃，忍不住联系我的闺密。

即使我七十多岁了，我也学着称呼我的朋友为闺密，闺中密友，多么温暖炙热的称呼，我们好像还是年轻时穿着白色棉麻褂子的模样。

那天下午我郑重地将画册和布袋包装好，整整齐齐地交给孙子去邮寄，这种心情好像不能再多等一刻了。

一枝蝴蝶兰

绿瓶

　　我并不是急性子的人，却三番五次按捺不住地去询问，去叮嘱："快递的工作人员会来吗？什么时候来呢？让他们看仔细了，地址不要弄错了。"我仿佛一下子就回到年轻的时候，时光不能倒流，但是这种情景一下子将我带到那段时光中。

　　我怕麻烦年轻人，不想过多地催促，但我更怕不能完完整整地将我的作品集画册和衍生品交到我的闺密手里。我有种带着喜悦的骄傲，如果年轻一些，我肯定会手舞足蹈地和她分享我的快乐，将我画中的世界也描绘给她。

　　但是我好像年纪大了，我满头白发，和她许久未见，但是我还是想将这个好消息分享给她。

　　祝你也好啊，我的闺密。

绣球 2

今 天 也 要 重 新 出 发

CHAPTER 5

远去的身影

现在，有时我会给自己煮一碗面条，做一个荷包蛋放在碗底，慢慢地吃着，然后一口口吃掉荷包蛋，想起那些甜甜的日子。

远去的身影

　　"现在生活中的选择多了"，到了我这般年纪的人好像都会说这样的话。去了超市，这也有那也有，一时竟让人挑花了眼。

　　可能想去买些水果，最后拎了好些菜回来。可能人生也是如此，走进了眼花缭乱的世界中，会忘了自己刚开始来到这里时的念想。

　　天气冷的时候，我给孩子们买了几双袜子，黄色绣花的，我心里觉得高兴，这袜子她们穿着，却能暖到我心里。

海棠

或许这就是母亲，无论孩子多大，我永远记得自己是照顾他们的角色。后来孩子大了，角色转换了过来，我也不愿给他们添麻烦。

孩子们总说什么也不缺，实际上我怎么会认同呢？我的担心跟随着四季的变化而变化，吃饱穿暖永远是我对孩子们的叮嘱。

回想一下，当我还是少年时，我的父母也是怀着同样的心情去珍爱我。当时我结婚没多久，就离开了父母远赴他乡，那时的我懵懵懂懂，竟不觉得自己是从家里独立出来了。这点我到现在想起来还是很愧疚，多亏大弟他们一直在父母身边照顾他们。

我跟父母一般都是好几年见一次面，心里的想念在无数个夜晚里静静发酵，但是盼到见面之后，跟他们却有些生疏了，我的一肚子话憋了好几天也不知道怎么说出来。临走的时候，在乌苏车站听着他们关心的话，我就只知道流眼泪，带着没说完的话上了车，把一肚子话又带回塔城去。在车上，我流着泪看着父母的身影逐渐变小，消失在眼前，真不知是何滋味。

后来我的孩子也有了自己的孩子，他们也正在为自己的家人操着心，这都是一样的，永远都不会变。

竹芋 2

碗底的荷包蛋

在我小的时候，不能完全分辨日子是苦还是甜的概念，虽说大部分时候都是辛苦的，可是大家都一样，就没有人觉得自己格外辛苦。

日出而作，日落而归，一天的劳累可以在夜晚昏黄的灯光下得到暂时的缓解。鸡蛋并不是每天都能吃得到，母亲做了一碗有荷包蛋卧在上面的面条，我就觉得日子是甜的。

我用筷子小心地拨弄，将荷包蛋藏在碗底，然后心安地开始吃起面条。汤水中只是加了盐，混合了煎鸡蛋的油，对我来说却是无比美味。

黑色的盘子

碗中升起白白的热气，升起一会儿就散开，到屋子的各个角落里去了。

身体慢慢地暖了起来，我一口一口地吃着面条，快吃到底的时候看到了鸡蛋，还是热乎乎的鸡蛋会让我觉得非常暖和，一口咬下去，蛋白包裹着的蛋黄鲜香的味道在唇齿间散开。虽然早就知道碗底的鸡蛋，但是还是像发现宝藏一样开心。

有的时候母亲不会将鸡蛋卧在面条上，而是真的等我吃到快见碗底时，才会看到一个荷包蛋。我惊喜地抬头看着母亲，母亲没有说话只是望着我笑，笑意溢出眼中，那个时候，看着母亲的笑容，我也觉得日子是甜的。

这样的日子并不是常有，甚至可以说非常难得。现在我已经不太记得大多数的童年往事了，但是这样为数不多的时刻却成为我童年记忆里特别深刻的事情，像是定格在我的脑海中。

在那个时候，母亲以自己的方式给我的生活增加了一些甜蜜的东西。只是后来，我离家太早，竟然再没有机会吃一碗母亲做的荷包蛋面条了，也没有机会为那份甜蜜向母亲道谢了。

陶 器

在那个时候，我想不到会有现在这样的好日子：冰箱里的食物塞得满满当当，鸡蛋永远码放整齐地备着，好像再也不愁吃喝了。有时剩菜多了，我觉得倒掉了非常可惜，心里空落落的，这可能是只有我这样年纪的一部分人才会有的想法了。

现在，有时我会给自己煮一碗面条，做一个荷包蛋放在碗底，慢慢地吃着，然后一口口吃掉荷包蛋，想起那些甜甜的日子。

老伴走了。走的时候很奇特，跟我以前见到的死亡经历都不一样。

他好像知道自己要去哪里，把一切都安排好后，很开心自己要走。我对生死完全不明了，总是对死亡有着莫名的恐惧。他去世后，在家里停放了七天，身体清爽柔软；下葬的时候，他的身体还是很柔软，就像睡着了一样。这都是我觉得不可思议的事情。

生前，他是一个有脾气的人，是一个长相帅气、注重自己仪表的人。虽然没有读过多少书，但是他很向往文化人的气质，经常组织孩子们练毛笔字，或是找来画报让孩子们临摹，看谁画得好。后来家里的两个孩子都上了美院，就和老伴的文艺情结有关。

年轻时我遇到的他，一身干净的中山装，上衣口袋里总别着一支钢笔，身材高挑，悬胆鼻，单眼皮，头发梳得油亮——我开玩笑，苍蝇飞到上面都会打滑的。

我家的穿衣镜，他照的次数一定比我多。他在出门前一定照照，看有没有什么不对的地方。他也总嫌我不注意自己的形象："长得就矮胖，还不好好收拾自己。"我就很认真地说："当初我就是看上你的外表，你看上我的贤惠。再说了，你还大我八岁，你不该让着我啊？还敢说我不是。"平时他有脾气，但我发火生气，最终都是他低头哄我。

他出身比较好，贫农，父辈们是地主家的佃户。他是家中长子，上面有两个姐姐。父母重男轻女，把所有的希望都寄托在他身上。但是他学业不好，一直留级，上了三个四年级，后来勉强初小毕业。父母过世后，他支边去了新疆，学了开车的手艺，因为技术不错，被安排给地委书记开小车，常常到外地出差。

从塔城去外地出差一定会路过老风口，那对司机而言是个危险

1963 年 10 月作者结婚照

的"关卡"。冬天的风雪天，老风口会埋住一些车，雪最厚的时候达七米。由铲雪车开道，感觉车在一个雪谷中穿行。一般司机到了老风口，会把车停在路边的小客店，等待风雪过后，道被开出来，再出发。快的话要等一天，有时风雪不停，就得等三四天，小卖部的食物一下子都空了。

每次他出差，如果有变天，我都会提心吊胆地祈祷他安全，毕竟他是我们这一大家子的顶梁柱。上天保佑他，开了一辈子的车，在那个冰天雪地的新疆，他没出过什么事故。这也是上天对我们的厚爱啊。

现在想来，人的一生能平平安安，就是最大的福报了。生活中的鸡毛蒜皮，都无足轻重了。人生中除了生死，哪一件不是闲事呢。

那时候交通不便，路上的旅店条件都不好，尤其到牧场，每次老伴出差回来，都会染上一些虱子。回到家，他先烧一锅开水，把里里外外的衣服都烫一遍，然后洗澡，免得传染给家里人。

我的家庭成分是地主，在那个年代里总是低人一等，他是我在懵懵懂懂的年龄里对一切美好的"幻想"。虽然父母不同意，但我还是义无反顾地和他去了最靠边疆的塔城，开始了我平凡琐碎的一生：生存和活着，吃饱饭，能把孩子养大，除此之外，已经无暇再顾及什么了。

　　就这样磕磕绊绊六十多年，我们养育了四个孩子，如今儿女都已成家立业。他生前对自己的小痛、小病都很紧张，也很怕死，脾气也不好；到去世的时候，倒很了然的样子。面对死亡真是不可预测啊。

老伴刚走的时候，我无法接受并消化这个事情，失去亲人的疼痛无声地潜入了生活的每一个细节中。

我虽然已过古稀之年，但对于失去至亲的事情仍然无法接受，又好像后知后觉，仿佛当我还在感知晴空万里、食物好坏、生活中的一点一滴时，转头却诧异无人分享了。

那段日子我的脾气变得很坏，看山不是山，看水不是水，无来由的急躁占据了我的理智，我好像孩童一样没有理由地发脾气，说不出原因。

瓶中松枝

松针

现在想起来，我只是差那一句"我非常伤心"没有说出口。成年人的情绪不易表露，好像一个屋顶漏了水，这水不会倾盆而下，只从各个缝隙中滴落下来，我望着屋顶，不知道从何处开始修补，只能在心里闷声地哭。

女儿建议我画画，开始我根本静不下心来，我所有的思绪都被思念填满，根本不再属于我自己，画得不好便泄了气。

后来不知道是不是他在宽慰我，还是他放心不下，冥冥之中我是能感知到的。我想我是可以做好画画这件事情的，我将大部分的时间都投入到绘画当中，画得不好便花上几天时间思考，修改，反复调出满意的颜色。

我的小老师阿籽也经常伴我左右，我等着她放学回来给她看看我的作品，听她的指导，谨记在心里。

我想我大部分时间还是会想念他，但是我也希望他不再为我担心了。

思念钻进生活的缝隙中

不论是水果还是鲜花，都是香气浓郁地在我面前静静待着。

上了年纪后，我的眼睛视线逐渐模糊起来，我看着那些模糊的形状，总觉得这些物品早已跃然纸上，而我只是把它们勾勒出来。

我手上的笔总有自己的步伐，于是这么一幅又一幅，从生长到开花到结果，漫长的路程后，最终它们都在我的画中酣睡。

有时我也苦恼，为一个勾勒不准确的形状和达不到心中满意的颜

芦荟的投影

色，在寂静的夜晚醒来。此时人们沉睡了，大地也沉睡了，我被溜进来的月光照着。

一个人的夜晚是沉寂的——听人说，陪伴自己最多的就是内心的想法，而陪伴我最多的，是这些围绕在桌上的画材——每每到此时，我总是想，画完这一幅，也许我就可以好好睡一觉。

即使是这样，在这么充实的生活当中，我还是会觉得很可惜，总想着，老伴过世前肯定想不到我也能画画。我抬头看着他照片的时候，不觉间竟好似两两相望。

生活中有太多的时刻，思念会钻进生活的缝隙中。

仪容清凉

罗汉松

2020.2. 尹玉凤

盎然

今 天 也 要 重 新 出 发

C H A P T E R   6

感谢你，我生活过的日子

所有的东西，因为可能失去，或者来之不易，才会珍惜。

风中的院门

　　前年去丽江写生，我们住在一个朋友家的大院子里。他家的大门
很气派，门楣有彩绘雕饰，门上有一块匾额，上面写着"木府"。

　　大概这个村子里面，姓木的人比较多。听说，木家是一个很大的
家族。

　　我从十岁离开尹氏家族，和父母一起飘曳在新疆戈壁，和荒漠为伴。
结婚后，我随夫去了新疆最西北的城市塔城，那里没有家族，没有亲人。
我当时刚刚成年，还没有来得及学会怎样生活，一切都在懵懂中。

房子需要自己盖。墙是土夯的，没有房基。最后盖好的房子、院落，都是灰突突的，如土地上长起个土包，融在土地里。

每家的院门倒是五花八门的，人们把最美好的想象和最多的精力，都用在大门上了。装门面也要装得好点，所以大门也代表了每家的特点。当地的少数民族信伊斯兰教，绿色是象征其宗教的颜色。那时没有绿色的颜料可以买，他们就把绿色的啤酒瓶砸碎了，在湿的泥巴墙上，用碎玻璃慢慢地拼成图案。

我家的大门是用当地的白杨树做成的。我想做得气派一点，把门做大一点，在大门旁边再开个小门。这样冬天拉煤的时候开大门，平时走小门，既气派，又方便。

戈壁的风不知道有多大，每次起风的时候，听外面的风很大，而院中的风却是柔和的。因为大部分的风都被大门和围墙挡住，每次听到树梢哗哗地响，我们待在院中听风声，却不会被风吹歪。

现在人们都搬进了高楼大厦，每个小区单元里各家的门都差不多，都铁灰着一张门脸，没了主人的性格。

刚住进楼房时，我常常走错单元，敲错家门。敲开铁灰的门，是一张张陌生的面孔。

斗
地
主

我一辈子在太阳底下烤，老了来到了水多的地方，现在出门就是湖。

我每天都去湖边走走，这里空气、风景都很好，在湖边走走心情也不错，转够了就回去，开始打扑克，斗地主。

斗地主是我的另一个爱好。我就是好斗，争强好胜，打起牌来不管不顾，有牌就出，不想很多，想多了也没用。有炸就炸，不炸留在手里就废掉了；炸出去，有时候会炸错，被人家炸回来。

打牌就是图个热闹，好玩，痛快。今天运气好了，可能明天运气就不好。运气好的时候要什么来什么，怎么出都很顺；运气不好的时候，怎么都不行，要什么没什么，不是缺斤就是短两。

我不记牌，也不算牌，就是有好牌就出，炸了再说，没好牌也没办法。这样有输有赢，平均下来输赢的次数也相差不多，我玩得很开心。那些年轻娃，脑子好用，算来算去，这样出那样出，最后也占不了多少便宜。

我一生就是这样——"炸了再说"，不算计，到头来也不错。生活就像打牌，很多时候你算不清楚，算来算去都差不多，比上不足比下有余，日子再怎么难过也能够过得去。

我现在不是那种聊家常、忙家务、爱操心的人，现在这样的生活让我感到很充实，很有意思。我就像变了一个人，身体比以前强多了，一身是劲，精神头也足。

每天打牌，画画，坐累了就去湖边转转，到了时间，就看《非你莫属》，还有《职场达人》，晚上早睡，早上早起。

我看这样下去，再活个二十几年也不是问题。不管了，只要开心就好，这就是我的新生活。

山竹和柿子

湖边遛个弯，让我这老胳膊老腿的，也能在阳光下舒展舒展。

画画是个安静的事，坐的时间长了，就要出去遛遛，顺便摘两朵盛开的花，虽然我叫不出它们的名字。

南方四季都会有花开，植物总是绿葱葱的；不像塔城，有半年都是白茫茫的荒凉。

新疆的戈壁滩上最多的就是石子，新疆人周末的娱乐是去戈壁滩捡石子——一种叫"戈壁玉"的石头。

在和田玉被开发完后，"戈壁玉"也有了些名气，被卖出了一些价格来。捡石头这活动，就更加成为风潮。

现在我也去湖边捡石头，当然没有市面上有价值的石头，都是些最平常不过的石头。这些石头被我随意地摆在桌子上，它们就像我每天的日子一样平淡无奇，我觉得它们比较符合我的生活状态。

以前在新疆的戈壁上，我见得最多的就是石头。起风的时候，一些小的石子、黄沙，满天满眼地飞过来，我只能眯着眼睛来阻挡风沙。在新疆生活久了的人，眼睫毛会变得又密又长，主要是为了抵挡风沙。

现在我来到东海滴水湖边，见到的最多的是水，石头只是一种点缀。我在湖边散步时，偶尔捡起一些石头，这些石头都带着潮湿温润的海的气息，和新疆戈壁的石头完全不一样。我在戈壁捡到的石头，带着阳光的炙热、滚烫。

我把从湖边捡来的不起眼的石头认真地描摹下来，画成一幅画。看着我画的石头，我也很开心，很温暖，它们就像我大半辈子的生活。

石子

石子

一堆石子

画案

我的画案上装颜料的瓶瓶罐罐几十个，还有些用来调色的调色盘。我把家里能用的盘子，都用来调色。画案上满满当当的，堆得像个杂货铺摊。

我用的颜料是水性颜料，干了以后调水可以化开。调好的颜色，在画完一幅后总会剩下些，我舍不得洗掉，想着总会用到的。这样画着画着，颜料盘就铺满了桌子。

每次画画前，我看着这一堆颜料盘，想想这幅画可以用哪个盘子的颜色和另外一个盘子的颜色调和一下，能是我想要的颜色。就像一个大厨，看着他所有的食材，想着怎么能搭配出今天的美食。

大家都说我的画颜色比较高级，可能是我舍不得扔用剩的颜色，把它们调和在一起的原因吧。

我们那个年代过来的，对什么东西都比较珍惜，怕浪费一粒米一根菜，哪怕一点点颜色。

画如其人，大概我的画也在珍惜这些颜料，物尽其用吧。

我画的每幅画里的枝枝叶叶，我总觉得与上一幅里的不同——每株花，每片叶子，都与其他的不同。

对待每片叶子，我都是很认真地观察。它们长成这样子，很不容易，从一颗小小的种子，遇到了合适的水土，经历了多少个日日夜夜的努力，才成长为现在的样子。它被我画到纸上，我要认真地画出它的不同。

我们生活的年代，一切都靠自己去播种，收获。我们知道一粒粮食的不易、收获的艰难。年轻人不大看得惯我们——舍不得倒掉剩菜剩

猕猴桃

饭，过期的食品也舍不得扔。我们的生活也像过期的生活，我们也像过期的人。在年轻人看来，我们的一切观念都已经过期了。但我只能用珍视一切的心，去感知一切。我所有的作品，也是保有着这颗珍视的心去完成的。

小孙女阿籽的画案在我的旁边。她是难得有空画画，而且飞快地就完成了一幅作品。在她的生活里，好玩的东西太多了。

阿籽眼里的花花草草，是很简单的。看到绿色，颜料提出来就可以用了，红色的花直接是红色，黄色的花直接是黄色，没有那么复杂。她的画颜色鲜艳而有张力，画面单纯而美好。在我眼里，则是要调和很多种颜色，才可能调出我要的颜色，或许是我经历的事情太多了，看世界也复杂了。

有一次，楼上的奶奶觉得我们画室的氛围好，也想来和我一起画画。我说："你就在阿籽的桌上画吧，她只是偶尔才画画。"阿籽发现她的画案被楼上的奶奶用了，便跑过来对楼上的奶奶说："这是我的画案，您要好好地在上面画啊。画完了，别忘了把自己的东西收好，带回去哦。"

我看出她的心思，是怕自己的画案被别人占了去。她又马上搬个小凳在旁边，开始认真地画起来，竟然陪着楼上的奶奶画了一整天。

　　所有的东西，因为可能失去，或者来之不易，才会珍惜。现在一切都太容易了。

阿籽奶奶的画案

凛
冬

　　塔城的气候四季分明。夏季的时候，一直到晚上十点多，都还是
白天明亮的样子；冬天也来得迅猛而庄重，过了十一月份就统一开了
暖气。

　　那个时候我做些小生意，进一些货物去集市上售卖，一般都是些
小商品，也有一些鞋。人不管走到哪里，想要走远一点，都会给自己买
双耐穿一些的鞋子。

　　我每隔两三个月会坐夜班车去乌鲁木齐进货，天黑的时候上车，

剥开的核桃、鸡蛋和鸭蛋

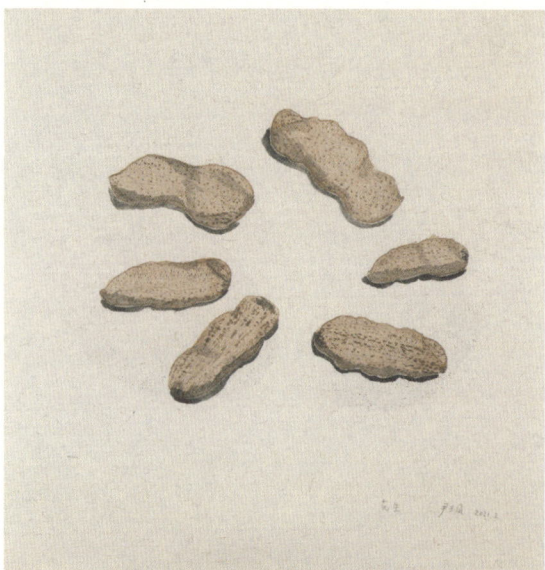

板栗和花生

经过山路。寒冬被车厢拦在外面，但是也会从车的缝隙中溜进来，人们不自觉地将身体蜷缩起来，以便将温度揽在怀中。车里虽然说不上温暖，但是拥挤的车厢里也是比较有人气的。

到了进货市场，我与进货商都很熟，大家也都很照顾我。进货市场与菜市场一样，应该是人间最喧闹的地方，大家都在一点一滴地为生活筑起"房梁"，也为一分一角喋喋不休。

我选好了货物，吃过午饭之后休息一会儿，便踏上回去的路程。这个地方我虽然来过很多次，但是除了进货市场以外一概不熟，也没有别的去处。

我虽是个女人，但是做起生意来毫不示弱，本本分分地做好自己的摊位。可能是货物与价格都实在，所以我心里有底气，来摊位买的人也多。

有一次我进了一批软底子布鞋，还在发愁卖不出去，没想到许多年纪大的人来买，有的人一买就是好几双，可能是因为底子软，也可能是因为这鞋让人想起了什么。

那年冬天路上结冰了，我背着货物顶着星光就去了集市上，每一步都走得小心。老伴中午有休息的时间，他会骑着破旧的二手凤凰牌自行车来给我送饭。在市集上的时间是漫长的，可中午老伴给我送来饭，陪我吃完的过程，时间又像被按下加速键。

有一天中午，老伴迟迟没来，我左盼右盼，不知道他是不是路上出了事故，心里惴惴不安。那天我早早地收摊，想快点回家看看，然后再返回集市。回家后我才知道老伴在给我送饭的路上摔着了，路滑，自行车的轮子也打滑了，他摔倒后在冰天雪地里自己爬起来，忍着痛将饭盒捡起来，推着自行车回到家。

我无法想象他身上的痛，老年人是摔不得的，这一跤像摔在我心里，痛感在我心里散发开来。我检查他身上有没有哪里磕破了，叮嘱他好好休息，便去做饭了。

后来的几天老伴都在家里养伤，我自己早早起床准备好了米饭或者馒头，带着作为午饭。虽然依旧是冰天雪地，我的吆喝劲更足了一些。

我的心里想着：这几天卖完这批货物，可以给老伴买肉回去做他爱吃的红烧肉了。

菜园子

大家都说我把蔬菜画得很真实。对的，那些花花草草、水果蔬菜，对我来说确实是再真实不过了。

以前塔城家里的苹果园中有一块菜地，种的是全家平常要吃的蔬菜，都是我自个儿种的。年轻的时候，我有使不完的劲，浇水，除草，插苗，收割，每天忙忙碌碌的。供给一大家子的菜，都指着这片菜地呢。

入冬以后，万物都被冻得结结实实的时候，我就要为来年的菜地

包菜和菠菜

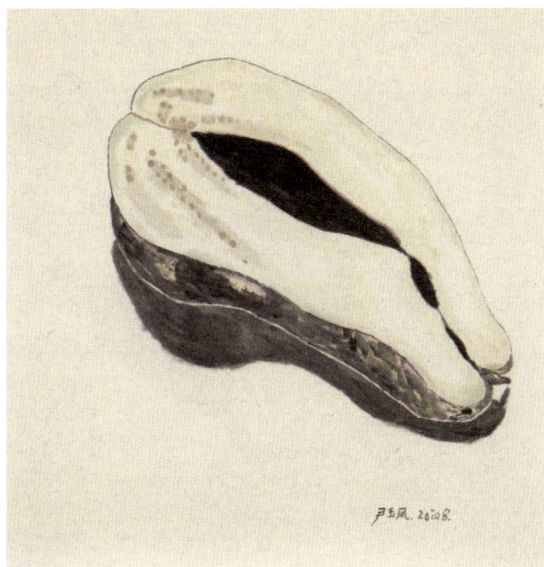

切开的丝瓜和茄子

南瓜

准备肥料了。

那时的茅房是在院子里，靠后院的土墙边再砌两堵墙，往地下挖个大坑，坑上面搭两块木板，就是蹲坑了。顶上搭几条木椽子，铺上茅草，茅房就可以用了。因为茅房没有门，所以有个不成文的规定：上茅房的人快走到茅房的时候，咳嗽两声，看看有没有人回应。如果没有回应的咳嗽声，就知道茅房没人。有时俩姑娘一起上厕所，一人蹲坑，一人陪着，捏着鼻子在旁边聊天。我就说："你不嫌臭啊！"

茅房里的大粪攒了一年，在寒冷的天气里粪水都冻成了冰疙瘩，只能用镐头、锄头刨出来，铺到菜地里。等待一个漫长的冬天，一场场的大雪把土地上的粪和土完全覆盖。

塔城冬天的雪特别大，如果下整整一夜的鹅毛大雪，清晨起床后，门都推不开。

所以在冬天，铁锹一般是放在屋内的。下过大雪后，推不开门的时候，就得用铁锹从屋门一点点地把雪铲出去。首先去屋顶，把雪从屋顶推下来。不然等到太阳出来后，雪会在靠近屋顶土坯的地方慢慢地融化，雪水和土融合在一起，会把房屋压塌的。

在漫长的冬日里，在厚厚的白雪覆盖之下，粪和土盖着暖和的雪被，已悄悄地在地下相拥融合。积雪越厚，土地越温暖，粪和土融合得越好。雪过天晴，冬日的暖阳透过厚厚的积雪，直达土地。雪是从挨着土地的地方开始融化的，即使是在寒冷的冬天，雪也在一点点地融化。等到来年的春天，会收获一个肥沃的菜地。

雪完全融化的时候，已经是来年的三月了。当白雪即将消失的时候，草都冒出一大截了，你会有种错觉，感觉草是从雪里突然间冒出来的。莽莽苍苍的白色大地，一夜之间变得郁郁葱葱。

虽然万物复苏，但我院中的菜地土质依然很紧，结实得像石头一样，仿佛经历了一个漫长的冬天，一下子还适应不过来，没办法把腿脚伸展开来，依然蜷缩和拥挤在一起。那我就要费很大的力气把它们都敲开，所以翻地是很累人的活儿。

把土地翻好后，把育好的菜苗栽到土地里就可以了。栽到地里的菜苗眼看着第二天就不一样了，看到它们苗壮成长，我的内心充满期待。

新疆的天气有半年都是冰天雪地。大自然在半年里攒足了劲，休息一个漫长的冬天之后，接下来的生长都是迅猛的。结出来的蔬菜瓜果，都异常好吃。

两个白萝卜

院中的小鸡

"咕咕……咕咕……"平时安安静静的母鸡，在雪水融化、万物复苏的春天，乜着翅膀满院子跑，从早到晚咕咕叫的时候，就是要孵小鸡了——就像猫叫春似的。

这时候如果不让母鸡孵小鸡，它就夜以继日地不停折腾，不吃不喝。谁也挡不住它做母亲的本能。

这时候母鸡常常在一些隐秘的角落，像干草垛下面、柴棚里，找一个能遮风挡雨的地方，倒腾出一个窝来。我会帮它放上十几个鸡蛋，

蕨类植物

希望它辛苦地抱窝二十多天，能够多孵出一些小鸡来。

母鸡在抱窝的时候，基本上不出窝，一直都卧在它的鸡蛋上，紧紧地看护着它的鸡蛋，用自己的体温将其孵化。有时我不忍心，看它很多天都不进一点食物和水，会把它赶出它的窝，让它吃点，喝点。它胡乱啄几口，又急匆匆地跑回去，卧在它的鸡蛋上，生怕有人觊觎它的宝宝，或是孵化中的宝宝失去了温度。

这时候，它变成一只意志坚定的很有攻击性的猛禽，一点也不像平时温顺的母鸡，再厉害的公鸡一般都不敢惹抱窝的母鸡。经过二十一天漫长的等待，在几乎滴水未进的情况下，原本胖嘟嘟、圆乎乎的母鸡，瘦成了一把鸡骨头。

它耗尽自己所有的精力，孵化出一只只小鸡来。当一只小鸡用尖尖的嘴破壳而出的时候，其他的小鸡在一两天之内，也都会破壳而出。这时母鸡的力气也差不多用完了，它会摇摇晃晃地从鸡窝里走出来，后面跟着一群鹅黄色的毛茸茸的小鸡。总有两三只未孵化出来的小鸡，但是鸡妈妈已经没有力气再等待下去，而且也不能把已经孵化出的小鸡饿死，它只有舍弃那几个微弱的生命了。

　　然后,母鸡带着它的小鸡,满果园找吃的,找到吃的,就咕咕地叫着,召唤它的孩子们赶紧来吃,它一心看护着每个孩子。

　　夜晚来临的时候,一只只小鸡便争先恐后地钻到母鸡的翅膀下取暖。随着一天天长大,小鸡开始长出羽翼,鹅黄色的绒毛蜕变为白色或花色的羽毛。慢慢地,母鸡的翅膀已经覆盖不了它们日渐长大的身体,这时候有几只大一点的身体健壮的小鸡会凑在一起互相取暖。渐渐地,母鸡也不会再让小鸡钻在它的羽翼之下了。

　　小鸡满院子里跑来跑去,下雨的时候也不例外。小鸡的小爪走来走去,会有一些泥土沾到爪尖上,慢慢地变成一坨泥球球。泥球越滚越大,小鸡走路变得越来越困难,有时拖着几个大大的泥球,歪歪斜斜地走,甚是荒诞滑稽,极容易被逮住。大概它们也知道没办法逃跑,便乖乖地让我用铁锤把泥球砸掉,它们又恢复了活蹦乱跳的样子。

　　一个月以后,小公鸡和小母鸡就开始区分开来。首先,最为健壮的小公鸡用力地扯着嗓子打鸣,声音沙哑,不成曲调,宣示它已经成年了。然后就像比赛般,其他的公鸡也开始打鸣,展现自己不比别的鸡差。接下来便无宁日,公鸡们百鸡争鸣之后,便开始拳脚相向,打得不可开交,只为了争夺最终的交配权。母鸡们则安静地踱步,远远地观望,而

绣球 3

桉树叶

海棠 2

刺梅

薄荷时醉

这让公鸡们的好胜心和好斗性更为强烈。

一窝鸡里面只能留下一只公鸡。如果一群鸡里面有两只或两只以上的公鸡，那院子里会不得消停。它们每天会斗得你死我活，最凶猛的那只公鸡一定会啄死其他的公鸡，才肯罢休。

这时我们全家人开始讨论留下哪一只公鸡，一般各自看中的都有所不同。就像是斗鸡，大家对自己看中的公鸡会格外对待，偷偷地弄一些好吃的单独喂给它，希望它在战斗中获胜，为自己的眼光争气。公鸡在院子里争斗，人在心里暗暗较劲。

没有被选中的小公鸡，会成为盘中餐。接下来，院子中惨烈的战斗每日上演。院中尘土飞扬，一地鸡毛。有的公鸡鸡冠被啄掉一块，鲜血淋淋；有的公鸡身上一块皮被生生扯下来。最终，赢得最后胜利的那只公鸡，雄赳赳气昂昂地在院中一步一"咯咯"，宣示它的主权。其他的公鸡耷拉着脑袋，灰溜溜地站在角落里默默疗伤。

在清晨第一缕阳光还没来得及照到院中最高的树梢时，那只获胜的公鸡便站在柴垛最高处，迎着天光打鸣了。随之而至的阳光也是经历严寒的冬季后第一缕温暖的阳光。

最美味的食物，大概就是战败的小公鸡。我现在也不知道它是心甘情愿还是愤愤不平被宰杀，总之，成为盘中餐，都是一样的美味。小公鸡成为餐桌上的爆炒小公鸡，它一生短暂，还来不及看到秋冬，便奉献了自己。不管情愿不情愿，这是一只公鸡的宿命。

那时候养的所有的动物，都是和全家的生存有关的。它们必须给我们带来食物或者劳动力，不会有被当作宠物去养的动物。我们去饲养它们，它们为我们提供肉、蛋、奶。它们的一切是我们给予的，它们的生死，也是我们决定的。

在它们的眼里，我们决定了它们的生死。可是，我们的生死，又是由谁决定呢？

一组释迦果

无花果和仙人掌果

图书在版编目（CIP）数据

今天也要重新出发 / 阿籽奶奶绘著 . -- 长沙：湖南文艺出版社，2021.8
ISBN 978-7-5726-0234-4

Ⅰ．①今… Ⅱ．①阿… Ⅲ．①人生哲学 — 通俗读物
Ⅳ．① B821-49

中国版本图书馆 CIP 数据核字（2021）第 119132 号

上架建议：畅销·励志

JINTIAN YE YAO CHONGXIN CHUFA
今天也要重新出发

作　　者：阿籽奶奶
出 版 人：曾赛丰
责任编辑：吕苗莉
监　　制：于向勇
策划编辑：柳泓宇
营销编辑：罗洋　段海洋　王凤
封面设计：仙境
版式设计：梁秋晨
出　　版：湖南文艺出版社
　　　　　（长沙市雨花区东二环一段 508 号　邮编：410014）
网　　址：www.hnwy.net
印　　刷：北京中科印刷有限公司
经　　销：新华书店
开　　本：875 mm × 1270mm　1/32
字　　数：128 千字
印　　张：8
版　　次：2021 年 8 月第 1 版
印　　次：2021 年 8 月第 1 次印刷
书　　号：ISBN 978-7-5726-0234-4
定　　价：52.00 元

若有质量问题，请致电质量监督电话：010-59096394
团购电话：010-59320018